贵州省商贸流通大数据分析和应用重点实验室
项目编号：黔教合KY字〔2018〕002

金融计量实验教程

范聪银／主编
董书宏／参编

西南财经大学出版社
中国·成都

图书在版编目(CIP)数据

金融计量实验教程/范聪银主编.—成都:西南财经大学出版社,2022.7
ISBN 978-7-5504-5424-8

Ⅰ.①金… Ⅱ.①范… Ⅲ.①金融学—计量经济学—实验—高等学校—教材 Ⅳ.①F830-33

中国版本图书馆 CIP 数据核字(2022)第 117727 号

金融计量实验教程

JINRONG JILIANG SHIYAN JIAOCHENG

主　编　范聪银

策划编辑:高小田
责任编辑:高小田
责任校对:雷　静
封面设计:墨创文化
责任印制:朱曼丽

出版发行	西南财经大学出版社(四川省成都市光华村街 55 号)
网　　址	http://cbs.swufe.edu.cn
电子邮件	bookcj@swufe.edu.cn
邮政编码	610074
电　　话	028-87353785
照　　排	四川胜翔数码印务设计有限公司
印　　刷	郫县犀浦印刷厂
成品尺寸	185mm×260mm
印　　张	11.75
字　　数	209 千字
版　　次	2022 年 7 月第 1 版
印　　次	2022 年 7 月第 1 次印刷
书　　号	ISBN 978-7-5504-5424-8
定　　价	45.00 元

前言

QIANYAN

为了更好地服务于大学本科（尤其是应用型本科院校）金融计量学的教学，从零开始培养学生的动手能力，作者根据自己的学习和教学经历，着手编写这本实验教材。

本书的写作理念或者说是预期目标就是，一方面注重对学生实际动手能力的培养，另一方面是培养学生根据实际背景结合理论结果作出详细、深入分析的能力。本书是作者讲授 MATLAB 软件、EViews 软件以及金融计量学等课程，结合教学和研究心得积累而成。本教材具有如下几个特点：

（1）坚持“重思想、重方法、重应用”的原则，特别注重基本思想、经济背景、基本方法和实际应用。金融计量学实验教材是一本实践教材，并不是计量经济学理论教材。对于大多数大学生，尤其是非“211”“985”和双一流建设高校的本科生来说，计量经济学课程较难，理论听不懂，软件不会用更不会结合实际应用。所以在撰写内容的过程中，我们简单罗列出了计量经济学的基础知识，然后针对每个知识点都用软件加以演示并尽可能做到详细。

（2）本书与普遍的 EViews 计算机软件紧密结合。为了让广大学生不为安装软件发愁，我们在书中详细给出了该软件的安装步骤。另外，为了让学生更加了解软件，我们在第三章中专门对软件进行了简单介绍，并且将 EViews 软件的学习与各章中的实例有机结合，使学生在实际应用中进一步学习 EViews 软件更多的操作方法。

（3）从金融学、金融工程专业出发，同时也考虑到其他非数量经济学的经管专业，认真精选实际案例。在本科阶段的学生应该能够较为熟练运用 EViews 软件去解决一些实际问题。在这门课的前期，学生所接触的计量经济学一般都只安排一学期的入门课程，而且具有大量的理论知识，学生很难在弄懂理论知识的基础上兼顾软件的操作甚至是运用。所以本书摒弃了烦琐的理论知识和推导，只是简单给出相应的知识点，重点在实际问题中突出知识点，并用 EViews 软件加以验证。这样不仅能帮助学生加深对知识点的理解，而且能提升学生的学习兴趣。

本书是金融学、金融工程专业实践类核心课程教材，既可以作为本科金融学、金融工程专业实践教材，也可以作为工商管理硕士（MBA）以及应用经济学类相关专业低年级硕士研究生的实践参考书目，总体难度不高。

本书有利于提升学生的实际动手能力，弥补学生实证分析能力不足的短板。基于此，笔者根据学生的基础，结合实际教学经验着手编写教材。

开设这门课程的基本要求：在开设本课程以前需要学生具备高等数学、概率论与梳理统计、初级计量经济学基础以及相关经济理论基础，所以建议在大学三年级上学期开设。秉承写作理念，在具备上面知识体系的基础上，本书强调依托 EViews 软件对实证能力的训练，强调应用能力的培养和提升。

本书第一至第三章（版面字数约为四万字）由贵州商学院人事处董书宏老师编写。

在此特别感谢我的学生郑健、李召伦、贾公佐、李春德、何振铭，他们为本书的出版付出了努力。另外，还要感谢贵州商学院经济与金融学院领导们的大力支持，他们为本书的出版提供了经费保障。

由于编者水平有限，书中不足之处在所难免，恳请广大读者批评指正。

本书提供 EViews 软件安装包、安装过程以及本书各个案例的数据。教师、学生可将姓名、学校、院系、书名等信息发送至邮箱 fcy8843@ 163.com 联系索取。

编者

2022 年 7 月

目录

CONTENTS

第一章

绪论

第一节　金融计量建模的主要步骤

运用计量经济学研究经济问题，一般可分为四个步骤：确定变量和数学关系式——模型设定；分析变量间具体的数量关系——估计参数；检验所得结论的可靠性——模型检验；做经济分析和经济预测——模型应用。

一、模型设定

所谓经济模型，是指对经济现象或过程的一种数学模拟。社会经济现象和过程是非常复杂的，影响因素众多，经济模型只能把所研究的主要经济因素（表现为经济变量）之间的关系，用适当的数学关系式近似地、简化地表达出来。例如，为了研究居民的消费行为，根据经济学中关于消费行为的理论，认为居民消费支出与其收入成正比，可将二者的关系表示为如下消费函数：

$$Y = \alpha + \beta X \tag{式 1.1}$$

式中，Y 为居民消费支出；X 为居民家庭收入；α 和 β 为参数。

式 1.1 中的 β 实际上是经济学中的边际消费倾向（marginal propensity to consume，MPC），β 作为斜率系数是消费增加量 ΔY 与收入增加量 ΔX 的比例，即 $\beta = \Delta Y/\Delta X$。然而，在现实的经济生活中，居民消费支出并不像式 1.1 所描述的那样是家庭收入的精确函数。没有一个模型可以涵盖影响经济生活的方方面面，因为这些因素在本质上都是随机出现的。由于还有许多其他未加入模型的因素也会影响居民的消费行为，相同收入的家庭，其消费支出不一定完全相同，所以式 1.1 那样的模型还不是适于对实际经济活动作计量分析的计量经济模型。为了把实际居民消费与实际收入水平的关系表现出来，还需要在模型中引入一个随机误差项，即

$$Y = \alpha + \beta X + \varepsilon \qquad \text{（式 1.2）}$$

式中，ε 是随机误差项，也称随机扰动项。像式 1.2 那样，包含了经济变量、待确定的参数 α 和 β，并包含了随机误差项 ε 的方程式，才是适于对实际经济活动作计量分析的计量经济模型。计量经济模型可以如式 1.2 那样只是一个方程式，这称为单一方程模型。有时，需要用相互联系的若干个方程构成的方程组去描述更为复杂的经济关系，这种计量模型称为联立方程组模型。

显然，在建立计量经济模型时，为了简化和计量的方便，通常不可能把所有的因素都列入模型，而只能抓住主要影响因素和主要特征，因此不得不舍弃某些因素。同时，模型中变量之间的关系可能设计为线性关系，也可能设计为其他非线性关系。建立模型时，模型中变量的取舍及相互关系形式的设计，在一定程度上取决于研究者的主观认识，当不同的研究者对所研究经济问题的认识有差异时，所使用的模型可能会不完全相同。所以，模型的具体形式是需要研究者去设定的问题。设定模型是计量经济研究的关键步骤，设定计量经济模型既是一门科学，又是一门艺术。建立一个好的计量模型，要靠丰富的专业知识，要有适当的方法，更要靠对建模实践的不断总结。

一般说来，设定一个合理的计量经济模型，主要应注意以下三个方面的问题。

（1）要有科学的理论依据。建立经济模型是为了反映实际经济活动的规律性，必须对所研究的经济现象的相互关系做科学的经济理论分析，尽可能使模型真实地反映经济现象实际的依存关系。对别人成功应用过的计量经济模型，也要从经济机理上具体分析，注意模型的应用条件是否符合所研究问题的实际，不应简单地生搬硬套。

（2）模型要选择适当的数学形式。模型的数学形式可以是单一方程，也可以是联立方程组。每一个方程可以表现为线性形式，也可以表现为非线性形式。这要根据研究的目的、所研究经济问题的复杂程度及所掌握的数据资料来决定。可以利用经济学和数理经济学的成果，或利用样本数据绘制变量之间关系的图形做参考。在实际建立模型的过程中，应根据所研究现象相互关系的性质，通过对实际统计资料的实验和分析，经过反复比较，选择尽可能合理的模型的数学形式。另外，要注意所构造的方程必须是有解的，特别是在建立联立方程组模型时，要使内生变量的数目与方程个数相适应。在选择模型数学形式时还应注意，在能够达到研究目的的前提下，应当尽可能选择更为简洁的数学形式，不应只是盲目追求数学形式上的“完美性”。

（3）方程中的变量要具有可观测性。因为只有可观测的变量才可能取得实际的统计数据，也才可能对模型中的参数做出具体的估计。

二、参数估计

参数与变量不同，参数是计量经济模型中表现经济变量之间相对稳定依存程度的那些因素，参数描述了模型中经济变量之间关系的方向和强度。计量经济模型中的参数决定着变量之间具体的数量关系，一旦参数确定了，整个经济系统的基本结构就确定了。例如，式 1.2 中作为边际消费倾向的参数 β，决定着收入与消费的基本结构关系，这种反映经济结构特性的参数也称为结构参数。

在经济总体中，反映经济结构的参数与变量不同，一般来说，参数不能直接观测而且是未知的。我们能够获得的，往往只是所研究总体中变量的若干样本观测数据。由于随机误差项的存在，变量之间的数量关系并不呈现为确定的函数关系，通常也不可能精确地去计算参数的数值。如何通过变量的样本观测数据合理地估计总体模型的参数，是计量经济学研究的核心内容。

经过实际样本信息估计出的参数数值称为参数的估计值，但是由于样本毕竟不等于总体，参数的样本估计值并不一定等于总体参数的真实值。如果用一定的方法能够获得通过变量的样本观测值去计算参数估计值的公式，这种公式则称为参数的估计量（或称估计式）。参数估计量是模型中变量样本观测值的代数式，将变量的样本观测值直接代入，即可得到参数的估计值。如何确定满足计量经济要求的参数估计量，是理论计量经济学的主要内容之一。

三、模型检验

模型中的参数被估计以后，一般说来这样的模型还不能直接加以应用，还需要对估计的计量经济模型做某些检验，其原因是多方面的。首先，在设定模型时，对所研究经济现象规律性的认识可能并不是很充分，所依据的经济理论对所研究对象也许还不能做出正确的解释和说明。或者虽然经济理论是正确的，但可能我们对问题的认识只是从局部出发，或者只是考察了某些特殊的样本，以局部去说明全局的变化规律，可能导致偏差。其次，我们用以估计参数的统计数据或其他信息可能并不十分可靠，或者较多地采用了经济突变时期的数据，不能真实代表所研究的经济关系，或者由于样本太小，所估计的参数只是抽样的某种偶然结果。此外，我们所建立的模型、采用的方法、所用的统计数据，都有可能违反计量经济的基本假定，这也可能导致错误的结论。所谓模型检验，就是要对模型和所估计的参数加以评判，判定在理论上是否有意义，在统计上是否有足够的可靠性。

对计量经济模型的检验主要应从以下四方面进行。

（一）经济意义检验

模型中的变量和参数都有特定的经济意义，经济理论通常对这些变量及参数的符号和取值范围做出了理论说明。如果所估计的模型与经济理论的结论完全相符，那么说明我们所观测的事实证实了这种理论；如果所估计的模型与经济理论的结论不相符，那么一般来说应当舍弃所估计的模型，设法从模型设定、估计方法、统计数据等方面找出导致错误结论的原因。

但是应强调，实践是检验真理的唯一标准，任何经济学理论，只有当它成功地解释了过去，才能为人们所接受。如果经过反复研究，证明计量经济模型和估计的参数完全正确，而经济理论本身不完备，这时应提出修正经济理论的建议。所以，计量经济学模型对检验经济理论、发现和发展经济理论也有重要意义。

（二）统计推断检验

模型的参数是用变量的样本观测值估计的，为了检验参数估计值是否是抽样的偶然结果，需要运用数理统计中的统计推断方法，对模型及参数的统计可靠性做出说明。对计量经济模型的统计推断检验，包括对模型的拟合优度的检验、用假设检验和方差分析方法对变量显著性的检验等。

（三）计量经济学检验

计量经济学检验主要是检验模型是否符合计量经济方法的基本假定，如检验模型中变量是否存在多重共线性，检验模型中的随机扰动项是否存在自相关和异方差性，检验模型是否存在可识别性，检验模型中时间序列经济变量是否具有平稳性，等等。当模型违反计量经济方法的基本假定时，通常的计量经济方法将失去效用，或将导致错误的结论，这时必须对模型做必要的处理，并重新估计模型的参数。

（四）模型预测检验

模型预测检验是指将估计了参数的模型用于实际经济活动的预测，然后将模型预测的结果与经济运行的实际结果相对比，以此检验模型的有效性。

四、模型应用

经过估计参数和模型检验，确认为可靠的计量经济模型，才可以用于实际的计量经济分析。计量经济模型主要可以用于经济结构分析、经济预测、政策评价及检验与发展经济理论等几个方面。

所谓经济结构分析，是指用已经估计出参数的模型，对所研究的经济关系进行定量的考察，以说明经济变量之间的数量比例关系。也就是说，分析当其他条件不变时，模型体系中的解释变量发生一定的变动对被解释变量的影响程度。常用的经济结构分析方法有边际分析、弹性分析、乘数分析、比较静力学分析等。例如，说明一个国家或地区国民总收入 Y 与总消费支出 C 之间关系的消费函数模型：

$$C = \alpha + \beta Y + \varepsilon \qquad \text{（式 1.3）}$$

这一函数模型常是一条斜率为正值且小于1的直线。模型中参数 β 的经济意义是边际消费倾向 $\text{MPC} = \Delta C/\Delta Y$，假如估计的参数为 $\beta = 0.8$，这说明国民总收入每增加1亿元，总消费支出将平均增加0.8亿元，这是宏观经济结构分析中很有意义的数据。在此基础上还可进行边际储蓄趋向和收入增长的乘数分析，因为边际储蓄趋向 $\Delta S/\Delta Y = 1 - \text{MPC}$，收入增长乘数 M 为

$$M = 1/(1 - \text{MPC}) \qquad \text{（式 1.4）}$$

若已估计出 $\beta = \text{MPC} = 0.8$，则乘数 $M = 5$，这说明当投资增加1个单位时，将导致国民总收入增加5个单位，这又为经济分析提供了重要的定量信息。

所谓经济预测，是指利用估计了参数的计量经济模型，由已知的或预先测定的解释变量，去预测被解释变量在所观测的样本数据以外的数值。建立计量经济模型是试图从已经发生的经济活动中寻求变化的规律，然后可以把这种规律用于样本以外数据的预测。经济预测可以是对被解释变量未来时期的动态预测，也可以是对被解释变量在不同空间状况的空间预测。

所谓政策评价，是利用计量经济模型对各种可供选择的政策方案的实施后果进行模拟测算，从而对各种政策方案做出评价。在这种情况下，我们把计量经济模型当作经济运行的“实验室”，去模拟所研究的经济体系，分析整个经济体系对各种假设的政

策条件的反应。在实际进行政策评价时，经常把模型中的某些变量或参数视为可用政策调整的“政策变量”，然后分析“政策变量”的变动对被解释变量的影响。

所谓检验经济理论，是利用计量经济模型去验证既有经济理论或者提出新的理论结论。设定的计量经济模型实际上是人们对某种经济规律的认识，而样本数据是经济活动现实的体现。计量经济学将理论与事实结合起来，提供了一种检验经济理论的方法。如果依据某种理论建立的模型能很好地拟合样本数据，那么模型估计检验结果与理论相符合，也就验证了既有理论。如果用样本数据拟合的模型其估计检验结果与既有理论不相符，并确认数据、模型、计量方法是正确的，那么可以修正既有理论或提出新的理论观点。

显然，计量经济模型应用的经济结构分析、经济预测、政策评价和验证理论这几个方面彼此之间有密切关系，经济结构分析的结果可用于经济预测，经济预测的结果是政策评价的依据，而政策评价本身，实际上就是一种条件预测，经济结构分析所揭示的规律性也是验证和发展理论的重要途径。

第二节 变量、参数、数据

一、金融计量模型中的变量

金融计量经济模型有多种构成因素，其中一些在不同的时间或空间有不同的状态，会取不同的数值，并且是可以观测的因素，这类因素被称为经济变量。例如，式 1.2 中的居民家庭收入 X 和居民消费支出 Y 都是经济变量。

金融计量经济模型中的变量可分为若干类型。从所描述的经济活动形态看，经济变量可分为流量和存量。某些变量具有时间维度，是按一定时期测度的总量，它们是一定时期内累计发生的数量，如国内生产总值、投资量、消费量等，这类变量反映的是经济活动的“流量”。另一些变量不具有时间维度，是在一定时点上测度的总量，它们表明某一时点所存在状态的总量，如金融资产、金融负债等，这类总量反映的是经济“存量”。

从变量的因果关系上，可分为解释变量（explanatory variable）和被解释变量（explained variable）。在模型中，解释变量是变动的原因，被解释变量是变动的结果。被解释变量是模型要分析研究的对象，也常称为“应变量”（dependent variable）、“回归子”（regressand）等，如式 1.2 中的居民消费支出。解释变量也常称为“自变量”（independent variable）、“回归元”（regressor）等，是说明被解释变量变动主要原因的变量，如式 1.2 中的居民家庭收入 X。

根据变量的性质，又可把变量分为内生变量和外生变量。内生变量是其数值由模型所决定的变量，内生变量是模型求解的结果，如式 1.2 中的居民消费支出 Y。外生变量是其数值由模型以外决定的变量，如式 1.2 中的居民家庭收入 X。在计量经济模型中，外生变量数值的变化能够影响内生变量数值的变化，而内生变量却不能反过来影响外生变量。在内生变量中，有一些是过去时期的内生变量或称滞后的内生变量，如在研究消费-收入模型时可能涉及上一期的收入或上一期的消费支出，又如在研究某地区居民收入对消费的影响时可能涉及全国居民的收入量。这种过去时期的、滞后的或更大范围的内生变量，不受本模型研究范围的内生变量的影响，但能够影响我们所研究的本期的内生变量，这种内生变量称为前定内生变量。在模型中前定内生变量的作用视同于外生变量，并与外生变量一起称为前定变量。在单一方程模型中，前定变量一般作为解释变量，内生变量一般作为被解释变量或应变量，而在联立方程组模型中内生变量既可作为被解释变量，又可作为解释变量。

确定模型中的变量，是建立金融计量经济模型的重要环节，被解释变量要选择最能反映所研究对象变动情况的变量，如最能够反映居民消费行为的是“居民消费支出”，最能够反映全社会生产成果总量的是“国内生产总值”，等等。解释变量则应尽量选择最能够说明被解释变量变动的主要原因，并能够独立影响被解释变量的那些变量，明显次要的变动原因应被归入随机扰动项中。对变量的选择还要考虑可观测性，有的因素虽然对被解释变量有重要影响，但是无法获取其观测值，如家庭财产可能对家庭消费有影响，但家庭的财产数量很难取得数据，这类无法观测的因素不能实际度量，也不宜作为变量列入金融计量经济模型。

二、参数的估计

金融计量经济模型中的参数一般是未知的，需要根据样本信息去加以估计。估计模型中参数的方法有很多种。例如，对于单一方程模型，最常用的是普通最小二乘法、极大似然估计法等。对于联立方程组模型，常用二段最小二乘法和三段最小二乘法等去估计参数。这些估计方法都建立在一定假设前提的基础上，当估计条件不完全满足时，还需要使用一些特殊的估计方法。由于抽样波动的存在，加之前提条件、估计方法及所确定的估计量不一定那么完备，所得到的参数估计值与总体参数的真实值并不一致，这就要求所得到的参数估计值应符合“尽可能地接近总体参数真实值”的准则。在各种条件下如何寻求模型参数合理的估计方法，是计量经济学研究的主要内容。不过，在理论金融计量经济学中并不侧重于直接研究参数估计值本身，而是着重于论述所导出的参数估计量是否符合“尽可能地接近总体参数真实值”的准则。通常选择参数估计量时应考察其无偏性、有效性等统计性质，或者考察大样本时的统计性质。

在实际的计量经济研究中，运用样本数据对参数的估计与检验，将面临很大的计算工作量。现在这方面的工作已经可以由各种有关的计算机应用软件来实现，计算机应用软件已成为学习计量经济学必不可少的部分。本书采用的计算机应用软件是应用十分广泛的 EViews（econometrics views）。本书将结合每一章案例的内容介绍 EViews 的使用方法。

三、金融数据的主要类型、特点及来源

（一）金融数据的主要类型

1. 时间序列数据（time series data）

时间序列数据是按照一定的时间间隔对某一变量在不同时间的取值进行观测得到的一组数据，例如每天的股票价格、每月的货币供应量、每季度的 GDP、每年用于表示通货膨胀率的 GDP 平减指数等。所收集的数据既可以是定量的（如上面我们所提到的），也可以是定性的（如国有股和法人股、节假日和工作日等）。时间序列数据是分

析金融问题时最常见的数据类型。在分析时间序列数据时，应注意以下几点。

（1）在利用时间序列数据回归模型时，各变量数据的频率应该是相同的。例如，在分析影响股票价格指数的因素时，虽然股票价格指数的数值我们每天都可以得到，但是影响股指的宏观经济因素我们最快只能得到月度数据，因此对股指我们应采用月度数据。

（2）不同时间的样本点之间的可比性问题。很多金融数据是以价值形态出现的（如股票成交额、货币供应量等），当数据频率较低时（如季度、年度数据），我们就需要考虑通货膨胀因素的影响，可以对原始数据进行调整，消除通货膨胀因素的影响。

（3）使用时间序列数据回归模型时，往往会导致模型随机误差项产生序列相关。

（4）使用时间序列数据回归模型时，应特别注意数据序列的平稳性问题。如果数据不平稳，就容易产生“伪回归”。

2. 横截面数据（cross-sectional data）

横截面数据是指对变量在某一时间点上收集的数据集合。例如，在某一时间点上，上海证券交易所所有股票的收益率、2004 年世界上发展中国家的外汇储备等。利用横截面数据进行分析时，应特别注意一点，由于单个或多个解释变量观测值的起伏变化会对被解释变量产生不同的影响，从而会导致异方差问题的产生。对于数据具有异方差性的建模问题，数据整理时必须注意消除异方差。

3. 平行数据（panel data）

所谓平行数据是指多个个体同样变量的时间序列数据按照一定顺序排列得到的数据集合。例如，30 家蓝筹股过去 3 年每日的收盘价就构成一个平行数据。可以看到，平行数据实际上是时间序列数据和横截面数据的结合，而利用平行数据的分析使得我们既能考察变量随时间的变化，也能分析变量横向的变化，因此对金融问题的分析也就更加全面了。

（二）金融数据的特点

（1）一般的宏观经济数据都是季度、年度数据，频率较低，这有时会导致“小样本问题”（数据的缺乏），从而给计量分析带来困难。但金融数据则不然，金融数据可以比宏观序列数据更频繁地观察到，资产价格或者收益率通常可以得到月数据、日数据，甚至每分钟的数据，可用于计量分析的数据观测值个数可以成千上万，数量十分巨大，这是宏观经济数据不能比拟的。一些更有效的计量方法和技术可以很容易地应用于金融数据分析和金融问题研究，而且得出的研究结论也更具说服力。与此同时，数据频率的提高也给计量分析带来新的问题，从而促进了计量技术的发展，反过来，计量技术的发展又促进了对金融数据的进一步研究。

（2）宏观经济数据通常是测算和估计出来的，不可避免地会存在一定差错，另外，新公布的统计数据会对前期不准确的数据进行修正，因此同一点上的数据在不同年份或不同版本的统计资料中会有所不同，这会给计量分析带来一定的困难。而金融数据则不然，这是因为金融数据固然有各种各样的形式，但是一般来说价格和其他金融变量都是在交易时准确记录下来的。当然也会有存在某些错误的可能性，不过出现诸如数据统计错误和数据修正问题的情况要比宏观经济数据少很多。

（3）金融数据序列与宏观经济数据序列一样，一般是不平稳的，一般难以区分金融数据序列的随机游走、趋势以及其他的一些特征。

（三）金融数据的主要来源

金融计量分析需要大量的数据，数据的来源通常有三个渠道：首先是一些政府部门和国际组织的出版物及网站，如我国的一些宏观经济和金融数据可以从国家统计局每年出版的《中国统计年鉴》中获得，再如世界银行所公布的数据通常被认为是比较权威的，相应的计量分析结论也比较有说服力；其次是一些专业的信息数据公司，通常这些公司收集方方面面的数据，通过有偿服务来满足用户的需要；最后是通过抽样调查来得到，如果分析人员需要一些特殊数据，往往只能通过这种方法来获得。

第二章

基本理论知识

为了保证本书结构的完整，我们在这一章简单罗列一些基本的与计量经济学有关的线性回归模型的基础知识及一些概念。对于数学公式的推导及证明过程，有兴趣的读者可参见任何一本计量经济学教材，我们就不再赘述。

第一节 简单线性回归模型及最小二乘法

一、一元线性回归模型

将直线表示为

$$y = \alpha + \beta x \quad \text{（式 2.1）}$$

那么在确定系数 α 和 β 的情况下，给定一个 x，我们就能够得到一个确定的 y，然而在实际的经济环境中，这是很不现实的。由式 2.1 得到的 y 值与实际的 y 值存在一个误差。如果用 ε 表示这个误差，那么式 2.1 变为

$$y = \alpha + \beta x + \varepsilon \quad \text{（式 2.2）}$$

即

$$y_t = \alpha + \beta x_t + \varepsilon_t \quad \text{（式 2.3）}$$

其中，$t(=1, 2, 3, \cdots, T)$ 表示观测数。式 2.3 即一个简单线性回归模型，或者称为一元线性回归模型。

二、最小二乘法

最小二乘法的基本原则是：最优拟合直线应该使各点到直线的距离之和最小。为了方便数学表达，剔除正负号的影响，上述原则可变为距离的平方和最小。假定根据

这一原理得到的 α，β 估计值为 $\hat{\alpha}$，$\hat{\beta}$，则直线可以表示为 $y=\hat{\alpha}+\hat{\beta}x$。直线上的 y_t，称为拟合值（fitted value），实际值与拟合值的差记为 $\hat{\varepsilon}_t$，称为残差（residual），可以看作随机误差项 ε_t 的估计值。下面根据残差最小原理，我们直接给出参数 α，β 估计值为 $\hat{\alpha}$，$\hat{\beta}$ 的表达式

$$\hat{\beta}=\frac{\sum x_t y_t - T\,\overline{xy}}{\sum x_t^2 - T\bar{x}^2} \quad \text{（式 2.4）}$$

$$\hat{\alpha}=\bar{y}-\hat{\beta}\bar{x} \quad \text{（式 2.5）}$$

三、最小二乘估计量的性质和分布

（一）经典线性回归模型的基本假设

前面介绍的回归模型式 2.3 与下面要介绍的假设条件合在一起就是所谓的经典线性回归模型（the classic linear regression model，CLRM）。y 值不仅取决于 x 值，还取决于随机误差项 ε，因此，有必要说明 ε 的生成过程。下面的假设条件都是关于干扰项的限制条件，主要有以下几个：

（1）$E(\varepsilon_t)=0$，即误差项具有零均值；

（2）$\mathrm{var}(\varepsilon_t)=\sigma^2<\infty$，即误差项具有常数方程，且对于所有 x 值是有限的；

（3）$\mathrm{cov}(\varepsilon_i, \varepsilon_j)=0$，即误差项之间在统计意义上是相互独立的；

（4）$\mathrm{cov}(\varepsilon_i, x_t)=0$，即误差项与变量 x 无关；

（5）$\varepsilon_t \sim N(0, \sigma^2)$，即误差项服从正态分布。

随机误差项满足假设条件（1）～（5）的线性回归模型即 CLRM。

（二）最小二乘估计量的性质

如果假设条件（1）～（4）满足的话，由最小二乘法得到的估计量 $\hat{\alpha}$，$\hat{\beta}$ 具有一些特征，即它们是最优线性无偏估计量（best linear unbiased estimator，BLUE）。具体意思如下：

估计量（estimator）：意味着 $\hat{\alpha}$，$\hat{\beta}$ 包含着真实 $\hat{\alpha}$，$\hat{\beta}$ 值的估计量。

线性（linear）：意味着 $\hat{\alpha}$，$\hat{\beta}$ 与随机变量 y 之间是线性函数关系。

无偏（unbiased）：意味着平均而言，实际得到的 $\hat{\alpha}$，$\hat{\beta}$ 与其真实值是一致的。

最优（best）：意味着在所有线性无偏估计量中，OLS 估计量 $\hat{\beta}$ 具有最小方差。高斯-马尔可夫定理（Gauss Markov Theorem）表明：在给定经典线性回归模型的假定下，最小二乘估计量在无偏线性估计量一类中有最小方差，即它们是 BLUE。换句话说，在上述假设条件（1）~（4）满足的前提下，OLS 估计量具有一致性、无偏性和有效性。

第二节 一元线性回归模型的统计检验

一、拟合优度检验

记 $ESS=\sum(\hat{y}_t-\bar{y})^2$ 为回归平方和，$TSS=\sum(y_t-\bar{y})^2$ 为离差平方和，$RSS=\sum\hat{\varepsilon}_t^{\ 2}=\sum(y_t-\hat{y}_t)^2$ 为残差平方和。并且，这三个量满足如下关系：

$$TSS = RSS + ESS \qquad (式 2.6)$$

于是，用

$$R^2=\frac{ESS}{TSS}=\frac{TSS-ESS}{TSS}=1-\frac{RSS}{TSS},\ R^2\in[0,\ 1] \qquad (式 2.7)$$

来表征模型的拟合情况。R^2 越大，说明回归线拟合程度越好；R^2 越小，说明回归线拟合程度越差。由上可知，通过考察 R^2 的大小，我们就能粗略地看出回归线的优劣。但是，R^2 作为拟合优度的一个衡量标准也存在一些问题。

（1）如果模型被重新组合，被解释变量发生了变化，那么 R^2 也将随之改变，即使第二个模型是第一个模型的简单改变（两个模型具有相同的残差平方和 RSS）。因此具有不同被解释变量的模型之间是无法比较 R^2 的大小的。

（2）增加了一个解释变量以后，R^2 只会增大而不会减小，除非增加的那个解释变量之前的系数为零，但通常情况下该系数是不为零的，因此只要增加解释变量，R^2 就会不断地增大；这样我们就无法判断出这些解释变量是否应该包含在模型中。

(3) R^2 的值经常会很高，甚至能达到 0.9 或更高，所以我们无法判断模型之间到底孰优孰劣。

为了解决上面第二个问题，我们通常用调整过的 R^2 来代替未调整过的 R^2。对 R^2 进行调整主要是考虑到在引进一个解释变量时，会失去相应的自由度。调整过的 $\bar{R}^2$ 用 R^2 来表示，公式为

$$\bar{R}^2 = 1 - \left[\frac{T-1}{T-K}(1-R^2)\right] \quad \text{（式 2.8）}$$

其中，T 为样本容量，K 为自变量个数。

由式 2.8 可以看出，如果解释变量的个数增加，那么 K 增加；这时如果 $\bar{R}^2$ 没有增加或增加的量不够大的话，那么 $\bar{R}^2$ 将减小。因此，$\bar{R}^2$ 可以用来决定是否应该将某个解释变量包含在模型中。如果 $\bar{R}^2$ 增大，则包含该变量；如果 $\bar{R}^2$ 减小，则不包含该变量。

二、假设检验

在回归分析中，有时我们会遇到一个问题，即根据金融或经济理论，回归模型某参数值应为某一确定值或处在某一区间内，现在我们需要确定根据样本得到的系数估计值是否与理论值相符或处在理论区间内，这时就要用到我们将要介绍的假设检验。

假设检验是统计推断的一个主要内容，它的基本任务是根据样本所提供的信息，对未知总体分布某些方面的假设做出合理的判断。

假设检验的程序是，先根据实际问题的要求提出一个论断，称为零假设（null hypothesis）或原假设，记为 H_0［一般还有一个备择假设（alternative hypothesis），记为 H_1］；然后根据样本的有关信息，对 H_0 的真伪进行判断，做出拒绝 H_0 或不能拒绝 H_0 的决策。

假设检验的基本思想是概率性质的反证法。为了检验原假设 H_0 是否正确，先假定这个假设是正确的，看由此能推出什么结果。如果导致一个不合理的结果，则表明“假设 H_0 是正确的”是错误的，即原假设是错误的，因此要拒绝原假设。

如果没有导致一个不合理的结果，则不能认为原假设是错误的，即不能拒绝原假设。

概率性质的反证法的根据是小概率事件原理。该原理认为："小概率事件在一次实验中几乎是不可能发生的。"在原假设 H_0 下构造一个事件（下面将要提到的检验统计量），这个事件在"假设 H_0 是正确的"的条件下是一个小概率事件。随机抽取一组样本观测值进行该事件的实验，如果该事件发生了，那么说明"假设 H_0 是正确的"是错误的，因为不应该出现的小概率事件出现了，因而应该拒绝原假设 H_0；相反，如果该小概率事件没有出现，就没有理由拒绝原假设，不能拒绝原假设。

假设检验有两种方法：置信区间检验法（confidence interval approach）和显著性检验法（test of significance approach）。显著性检验法中最常用的是 t 检验和 F 检验，前者是对单个变量系数的显著性检验，后者是对多个变量系数的联合显著性检验（t 检验实际上是 F 检验的一个特例，即对单个变量进行 F 检验）。我们将 F 检验放在多变量回归模型的显著性检验中详细介绍，下面我们分别介绍 t 检验和置信区间检验。

关于 t 检验和 F 检验的步骤和原理，以及置信区间法的相关内容，我们不在这里赘述，有意了解的读者请参见计量经济学教材。

第三节 多变量线性回归模型的统计检验

一、多变量模型

考察如下方程：

$$y_t = \beta_1 + \beta_2 x_{2t} + \beta_3 x_{3t} + \cdots + \beta_k x_{kt} + \varepsilon_t, \quad t = 1,2,3,\cdots,T \qquad (式 2.9)$$

其矩阵形式为

$$\boldsymbol{Y} = \boldsymbol{X\beta} + \boldsymbol{\varepsilon} \tag{式 2.10}$$

其中，$\boldsymbol{Y}$ 是 $\boldsymbol{T} \times 1$ 矩阵，$\boldsymbol{X}$ 是 $\boldsymbol{T} \times \boldsymbol{k}$ 矩阵，$\boldsymbol{\beta}$ 是 $\boldsymbol{k} \times 1$ 矩阵，$\boldsymbol{\varepsilon}$ 是 $\boldsymbol{T} \times 1$ 矩阵。

怎样计算多变量回归模型的参数呢？之前在双变量回归模型中我们曾经提到过，参数估计的方法是让参数取能使残差平方和最小的值。在多变量回归中，这种方法同样适用。残差向量为

$$\hat{\boldsymbol{\varepsilon}} = \begin{bmatrix} \hat{\varepsilon}_1 \\ \hat{\varepsilon}_2 \\ \vdots \\ \hat{\varepsilon}_T \end{bmatrix} \tag{式 2.11}$$

残差平方和为

$$\mathrm{RSS} = \hat{\varepsilon}'\hat{\varepsilon} = [\hat{\varepsilon}_1 \hat{\varepsilon}_2 \cdots \hat{\varepsilon}_T] \begin{bmatrix} \hat{\varepsilon}_1 \\ \hat{\varepsilon}_2 \\ \vdots \\ \hat{\varepsilon}_T \end{bmatrix} = \hat{\varepsilon}_1^2 + \hat{\varepsilon}_2^2 + \cdots + \hat{\varepsilon}_T^2 = \sum \hat{\varepsilon}_t^2 \tag{式 2.12}$$

于是我们可以得到多变量回归系数的估计表达式：

$$\hat{\boldsymbol{\beta}} = \begin{bmatrix} \hat{\beta}_1 \\ \hat{\beta}_2 \\ \vdots \\ \hat{\beta}_T \end{bmatrix} = (\boldsymbol{X}'\boldsymbol{X})^{-1}\boldsymbol{X}'\boldsymbol{Y} \tag{式 2.13}$$

同样我们可以得到多变量回归模型残差的样本方差：

$$s^2 = \frac{\hat{\varepsilon}'\hat{\varepsilon}}{T - K} \tag{式 2.14}$$

以及参数的协方差矩阵：

$$\mathrm{var}(\hat{\beta}) = s^2(\boldsymbol{X}'\boldsymbol{X})^{-1} \tag{式 2.15}$$

二、拟合优度检验

在双变量线性回归模型中，我们知道 R^2 是用来度量拟合的样本回归直线的拟合优度的。也就是说，R^2 给出了单个解释变量 X 对因变量 Y 变动的解释比例。R^2 的概念可以推广到包含若干个解释变量的回归模型之中。因此，在多变量模型中，我们想知道解释变量一起对因变量 Y 变动的解释程度。我们将度量这个信息的量称为多元判定系数 R^2。

在多变量模型中，下面这个等式也成立。

$$\text{TSS} = \text{ESS} + \text{RSS} \qquad \text{（式 2. 16）}$$

其中，TSS 为离差平方和，ESS 为回归平方和，RSS 为残差平方和。

三、假设检验

（一）t 检验

虽然 R^2 度量了估计的回归直线的拟合优度，但是 R^2 本身却不能告诉我们估计的回归系数在统计上是不是显著的，即是否显著不为零。有的回归系数可能是显著的，有些则可能不是。如何判断呢？在对单个假设进行检验的时候，我们可以用 t 检验法。在 t 检验法中，我们需要建立一个统计量，求其抽样分布，选择一个显著水平 α，并决定在所选显著水平下检验统计量的临界值。然后将从样本得到的统计量值与其临界值进行比较，如果统计量的值超过临界值，则拒绝原假设。我们可以将这种方法推广到多元回归模型中。

（二）F 检验

F 检验的第一个用途是检验所有的回归系数全为 0 的零假设，第二个用途是用来检验有关部分回归系数的联合检验。就方法而言，两种用途是完全没有差别的。

第四节 异方差和自相关

在前面的章节里我们已经完成了对经典正态线性回归模型的讨论。但在实践中，经典线性回归模型的基本假定经常是不能得到满足的，而若在此状况下仍应用 OLS 进行回归，就会产生一系列的问题，因此我们就需要采取不同的方法对基本假定不满足的情况予以处理。

一、异方差

（一）异方差的定义及产生原因

异方差（heteroscedasticity）就是对同方差假设的违反。经典回归中的同方差是指随着样本观察点 X 的变化，线性模型中随机误差项 ε_i 的方差并不改变，保持为常数，即

$$\operatorname{var}(\varepsilon_i) = E(\varepsilon_i^2) = \sigma_\varepsilon^2, \quad i = 1,2,\cdots,n$$

如果 $\operatorname{var}(\varepsilon_i)$ 的数值对不同的样本观察值各不相同，则称随机误差项 ε_i 具有异方差，即

$$\operatorname{var}(\varepsilon_i) = E(\varepsilon_i^2) = \sigma_\varepsilon^2 \neq \text{常数}, \quad i = 1,2,\cdots,n$$

因为经济现象是错综复杂的，所以在实际经济现象中异方差问题是会经常遇到的。为什么会产生这种异方差性呢？一方面是因为随机误差项 ε_i 包括了测量误差和模型中被省略的一些因素对因变量的影响，另一方面是因为来自不同抽样单元的因变量观察值之间可能差别很大。因此，异方差性多出现在横截面样本之中。至于时间序列，则由于因变量观察值来自不同时期的同一样本单元，通常因变量的不同观察值之间的差别不是很大，所以异方差性一般不明显。

例如，如果研究的是一个行业中各企业的横截面数据，则大企业的随机误差项或许会比小企业误差的方差大，这是因为大企业的销售量会比小企业的销售量具有更大幅度的变化。而对家庭可支配收入和储蓄额进行研究时，也不能认为随机误差项满足同方差假定。在储蓄行为中，高收入家庭由于收入较高，基本消费支出之外剩余较多，在消费方式的选择上有更大的余地，因此储蓄的差异性较大，即方差较大。而低收入家庭除了必要支出之外剩余较少，因此为了某种目的参加储蓄，储蓄较有规律，差异性较小，即方差较小。

（二）异方差的后果

一旦随机误差项违反同方差假设，即具有异方差性，如果仍然用 OLS 进行参数估计，将会产生什么样的后果呢？结论就是，OLS 估计量的线性和无偏性都不会受到影响，但不再具备最优性，即在所有线性无偏估计值中我们得出的估计值的方差并不是最小的。

（三）异方差检验

检验异方差的方法主要有以下几种：

（1）图示法，包括因变量与自变量的散点图以及残差图。

（2）解析法，包括 Goldfeld-Quandt 检验法，Spearman Rank Correlation 检验法，Park 检验法，Glejser 检验法，Breusch-Pagan 检验法。

（四）异方差修正

（1）当 σ_{ε}^{2} 已知时，一般采用加权最小二乘法。

（2）当 σ_{ε}^{2} 未知时，一般根据方差与自变量和因变量的关系来确定修正式子。

（3）模型对数变换法常用于降低异方差性。

二、自相关

（一）定义

随机误差项的取值与它的前一期或前几期的取值（滞后值）有关，则称误差项存在序列相关或自相关。

随机误差项的自相关现象是经常存在的。因为在模型的研究中，不可能将所有的影响因素都包括进方程，所以一些非重要因素就会被归入误差项，而这些因素往往有时间趋势，就使误差项体现了在时间先后上的某种相关性。自相关现象主要出现在时间序列中，不过在横截面数据中有时也会出现。

（二）自相关产生的原因

（1）经济数据固有的惯性带来的相关。

（2）模型设定误差带来的相关。

（3）数据加工带来的相关。

（三）出现自相关的后果

（1）最小二乘估计量仍然是线性的和无偏的，但却不是有效的，即使是在大样本的情况下。简而言之，通常所用的普通 OLS 估计量并不是最优线性无偏估计量（BLUE）。

（2）OLS 估计量的方差是有偏的。比如在随机项存在正自相关时，OLS 的标准差估计是下偏估计量，也就是 OLS 严重低估了真实的标准差，从而使得 t 检验中的 T 偏大。

另外，在随机项存在自相关的情况下，t 检验失效，同样对 F 检验也有类似的结果。

（四）自相关检验

自相关检验分为两种：一种是图示法，另一种是解析法。

图示法中包含两个步骤：一个是按时间顺序绘制残差图，另一个是绘制残差 e_t、e_{t-1} 散点图。

解析法包含 DW（Durbin-Waton）检验、杜宾-h（Durbin-h）统计量、Breusch-Godfrey 检验。

（五）自相关修正

（1）在自相关系数 ρ 已知的情况下使用广义差分法；

（2）在自相关系数 ρ 未知的情况下使用杜宾两步法。

第五节 多重共线性和虚拟变量的应用

一、多重共线性的定义及产生原因

（一）多重共线性的定义

“多重共线性”（multicollinearity）一词最早由挪威经济学家弗瑞希（R. Frisch）于1934年提出。其原义是指回归模型中的一些或全部解释变量中存在的一种完全（perfect）或准确（exact）的线性关系。而现在所说的多重共线性，除了指上述提到的完全多重共线性（perfect multicollinearity），也包括近似多重共线性（near multicollinearity）。

（二）多重多共线性产生的原因

多重共线性问题在金融数据中是普遍存在的，不仅存在于时间序列数据中，也存在于横截面数据中。如前所述，金融学学科的特点决定了多重共线性的存在，另外数据收集、模型设定也可能产生多重共线性。具体而言，多重共线性产生的原因主要有以下几点：

（1）数据收集及计算方法；

（2）模型或从中取样的总体受到限制；

（3）模型设定的偏误。

二、多重共线性的后果

在实际金融数据中，完全多重共线性只是一种极端情况，各种解释变量之间存在的往往是近似多重共线性，因此通常所说的多重共线性造成的后果是指近似多重共线性造成的后果。具体而言，它将造成以下后果：

（1）回归方程参数估计值将变得不精确，因为较大的方差将会导致置信区间变宽。

（2）由于参数估计值的标准差变大，t 值将缩小，t 检验有可能得出错误的结论，从而不能确定哪些变量在模型中有重要作用，哪些变量的影响是不显著的，甚至有可能删除那些对因变量有重要解释作用的变量。

（3）将无法区分单个变量对被解释变量的影响作用。同时，参数估计值也很不稳健，对模型设定的轻微修改，或对某一解释变量样本数据的轻微修改，都将导致其他解释变量参数估计值和显著性水平发生较大的变化。

三、多重共线性的检验

要确定多重共线性是由哪些主要变量引起的，可以采用辅助回归法（auxiliary regression method）。所谓辅助回归是指某一解释变量对其余解释变量的回归，是区别于因变量对所有解释变量回归的主回归（main regression）。

四、多重共线性的修正

多重共线性的修正有以下几种形式：

（1）删除不必要的变量；

（2）改变解释变量的形式；

（3）补充新数据；

（4）利用先验信息法。

四、虚拟变量

在金融计量学中，所考虑的变量除了可以直接度量的数量变量（如价格、收益、收入等）之外，还有实质上是定性性质的变量，如性别、国家、战争及政府经济政策的变动等。这类定性变量常指某一性质、属性出现或不出现，例如男性或女性、中国人或外国人、战争期间或非战争期间等。由于其不能直接度量，为研究方便，可构造一个变量，令其取值为 1 或 0。取值为 0 时表示某一性质出现（不出现），取值为 1 时表示某一性质不出现（出现），该变量即虚拟变量（dummy variables），也称指标变量（indicator variables）、二值变量（binary variables）、定性变量（qualitative variables）或二分变量（dichotomous variables），通常我们记为 D。一般地，在虚拟变量的设置中，基础类型、否定类型取值为 0，称为基底（base）类、基准（benchmark）类或参考（reference）类；而比较类型、肯定类型取值 1。

在同一个模型中，可以引入多个虚拟变量，但其设置必须遵循如下的原则：如果一个定性变量有 m 个类别，则仅要引入 $m-1$ 个虚拟变量。如若不然，对于 m 个属性类别我们引入 m 个虚拟变量 $D_i(i=1, 2, \cdots, m)$，并定义

$$D_i = \begin{cases} 1, & \text{若具有第 } i \text{ 种属性} \\ 0, & \text{若不具有第 } i \text{ 种属性} \end{cases} \quad \text{（式 2.17）}$$

则必有 $D_1 + D_2 + \cdots + D_m = 1$，即解释变量之间存在完全多重共线性，使参数估计值不能唯一确定，此即所谓的“虚拟变量陷阱”（dummy variable trap）。

五、回归模型的结构稳定性检验——邹氏检验

邹氏检验所依据的理论前提包括：在可能发生的结构变化前后，随机误差项具有相同的方差；随机误差项满足独立正态分布。在这些假定下，可按如下的步骤进行邹氏检验。

（1）将数据以可能发生结构变化的点为界分为两部分，分别利用全部数据、两分样本对模型进行回归，并获得三次回归的残差平方和。

（2）此时，对全部数据进行回归得到的模型是一个受约束的模型（假定模型在整段数据中不发生结构性变化，即假定系数估计值在整个样本期间是稳定的），而对两分段数据的回归则是不受约束的模型（利用两个分样本分别得到的系数估计值可以是不同的），因此对整段数据回归得到的残差平方和大于对两分样本进行回归得到的残差平方和之和，可建立如下的 F 检验：

$$F = \frac{[\text{RSS} - (\text{RSS}_1 + \text{RSS}_2)]/k}{(\text{RSS}_1 + \text{RSS}_2)/(T - 2k)}$$

它服从 $F(k, T-2k)$，其中，RSS 表示对全部数据回归的残差平方和，RSS_1、

RSS_2表示对两分样本进行回归得到的残差平方和，T 为样本数，k 为所估计参数的个数（单个方程）。需要注意的是，分母的自由度之所以为 $T-2k$，是因为无约束方程分为两段，总共有 $2k$ 个参数。

（3）查表求得在一定显著性水平下的 F 临界值。如果第二步计算出的 F 值大于临界 F 值，则拒绝模型结构稳定性假设；如果小于临界 F 值，则不能拒绝模型结构稳定性假设。

第六节 时间序列数据的平稳性检验

一、平稳性原理

（一）随机过程的定义

在金融计量中，随机过程是这样定义的，即一般称依赖于参数时间 t 的随机变量集合 $\{y_t\}$ 为随机过程。

（二）平稳性原理

任何时间序列数据都可以看作随机过程的一个实现。随机过程和它的一个实现之间的区别可类比于横截面数据中总体和样本之间的区别，就好比我们由样本数据引出关于总体的推断那样，在时间序列中，我们利用随机过程的一个实现去引出有关随机过程的推断。

在介绍时间序列模型时，我们需要知道生成序列的随机过程是否随时间的变化而变化。如果随机过程随时间的变化而变化，即如果过程是非平稳的，则用一个简单的代数模型来反映时间序列的过去和未来通常十分困难。若随机过程的随机特征不随时间的变化而变化，即过程是平稳的，则可以用具有确定系数的方程来将时间序列模型化，且方程的系数可以利用序列的过去数据估计得到。所以数据是否平稳是我们在对时间序列数据进行分析处理时要最先考虑的问题。

什么样的数据可以说是平稳的呢？如果一个随机过程的均值和方差在时间过程上都是常数，并且在任何两时期的协方差值仅依赖于该两时期间的距离或滞后，而不依赖于计算这个协方差的实际时间，就称它为平稳的。

（三）伪回归现象

为什么要如此强调数据的平稳性呢？这是因为将一个随机游走变量（非平稳数据）对另一个随机游走变量进行回归可能导致荒谬的结果，传统的显著性检验将告知我们变量之间的关系是不存在的。

详细来说，如果对非平稳性数据进行回归，在回归结果中，我们可能发现 R^2 极端地高，t 值也极高，这些都告诉我们变量之间可以很好地拟合，关系密切。但我们同时还会发现杜宾 — 沃森 d 值偏低。这时候就要注意，在回归过程中可能有伪回归现象发生，即回归结果是不正确的。Granger 和 Newbold（1974）曾经提出一个良好的经验规则：当 $R^* > d$ 时，所估计的回归就有谬误之嫌。

我们对伪回归可以做如下解释：有时候时间序列的高度相关仅仅是因为两者同时随时间有向上或向下变动的趋势，并没有真正的联系。这种情况就称为“伪回归”（spurious regression）。

二、平稳性检验的具体方法

（一）单位根检验

（1）单位根检验原理；（2）ADF 检验模型的确定。

（二）非平稳性数据的处理

在进行时间序列分析时，传统上要求所用的时间序列必须是平稳的，即没有随机趋势或确定性趋势，否则会产生“伪回归”问题。但是，在现实经济中的时间序列通常都是非平稳的。如果经过上述检验证实序列含有单位根，即数据是非平稳的，我们可以对它们做什么处理来使之变平稳呢？如前面所看到的，一般是通过差分处理来消除数据的不平稳性，即对时间序列进行差分，然后对差分序列进行回归。对于金融数据做一阶差分后，即由总量数据变为增长率，一般会平稳。但这样会让我们丢失总量数据的长期信息，而这些信息对分析问题来说又是必要的。这就是通常我们所说的时间序列检验的两难问题。是否可以对两个即使是随机游走的变量进行回归，而不会出现伪回归？

三、协整及其检验方法

有时虽然两个变量都是随机游走的，但是它们的某个线性组合却可能是平稳的。在这种情况下，我们称这两个变量是协整的。

协整检验的具体方法有以下两种：①EG 检验和 CRDW 检验；②Johansen 协整检验。

金融经济学中的一个常见问题就是确定一个变量的变化是否为另一个变量变化的原因。比如，是货币供应量的变化引起 GNP 的变化，还是 GNP 和货币供应量都是内因决定的；不同地域的股市走向是否有因果联系，等等。只有正确解决了这些问题，才能做好经济预测工作。要想回答这类问题，就需要用到因果关系检验法。因果关系检验主要有两种：格兰杰（Granger）因果检验和希姆斯（Sims）因果检验。

第七节　动态模型

一、ARDL 模型

ARDL（auto-regressive distributed lag）模型称为自回归分布滞后模型。该模型的一大优点，就是我们不用管变量是否同为 I（0）过程，或同为 I（1）过程，都可以用 ARDL 模型来检验变量之间的长期关系，而这是标准的协整检验所做不到的。

二、ARIMA 模型

（一）ARIMA 模型的概念

所谓 ARIMA 模型，是指将非平稳时间序列转化为平稳时间序列，然后将因变量仅对它的滞后值以及随机误差项的现值和滞后值进行回归所建立的模型。ARIMA 模型根据原序列是否平稳以及回归中所含部分的不同，包括移动平均过程（MA）、自回归过程（AR）、自回归移动平均过程（ARMA）以及 ARIMA 过程。

（二）ARIMA 模型的识别、估计、诊断和预测

（1）ARIMA 模型的识别。在 ARIMA 模型的识别过程中，我们主要用到如下工具：自相关函数（autocorrelation function，ACF）、偏相关函数（partial autocorrelation function，PACF）以及它们各自的相关图。

（2）ARIMA 模型的估计。ARIMA 模型的估计主要使用：矩估计、非线性估计、极大似然估计、最小二乘估计。

（3）ARIMA 模型的诊断。ARIMA 模型的诊断主要使用：Akaike 信息准则（简称 AIC）、Schwarz 信息准则（简称 SC）、Hannan-Quin 信息准则（简称 HQIC）。

由于 ARIMA 模型的预测理论过于冗长，本书只在实验中体现，不再罗列理论。

三、VAR 模型

（一）VAR 模型的识别

VAR 模型的识别主要使用：①似然比检验法；②信息准则法。

（二）VAR 模型的估计

前面我们提到，如果 VAR 模型中的变量是平稳的，并且方程右边包含相同的解释变量，随机误差项满足基本假定，则我们可以分别应用普通最小二乘法对单个方程予以估计，所得到的估计值是一致的、渐进有效的。当上述条件不满足时，我们需要用到估计联立方程模型的其他方法。由于所用到的数学知识已经超出了本书的范围，并且在 EViews 软件中可以方便地实现对 VAR 模型的估计（我们会在例子中予以介绍），在此我们不再多作介绍。

（三）VAR 模型的检验

前面已经提到，VAR 模型是缺乏理论依据的。在 VAR 模型中，很难逐一解释各个变量系数的意义，特别是在很多情况下，解释变量系数会随滞后期数的变化而改变符号，例如滞后一、二、三期变量的系数符号可能是“+”“-”“+”，这是很难用经济金融理论解释的；同时模型内部不同方程之间也存在联系，因此很难判断当某个变量发生变化时，其他变量的未来值会有什么样的变化。为弥补上述 VAR 模型的缺陷，发挥 VAR 模型的作用，应用中一般进行如下的检验。

1. 对某变量全部滞后项系数的联合检验

在 VAR 模型中，单个变量系数的意义是很难确认的，但有时我们会对如下的问题感兴趣：对于模型内的某一方程，某变量的全部滞后值是否对被解释变量有显著的解释作用。因为该检验仅针对某一方程内的系数，所以可以利用 F 检验，具体步骤不再冗述。我们可以发现，如果 VAR 模型仅包含两个方程，这实际上就是我们在第五章提到的因果检验，即如果该变量的所有滞后值对被解释变量有显著的解释作用，那么就说该变量是被解释变量的“格兰杰原因”；反之则不是。

2. 脉冲响应

对某变量全部滞后项系数的联合检验能够告诉我们该变量是否对被解释变量有显著的影响，但是不能告诉我们这种影响是正还是负，也不能告诉我们这种影响发生作用所需要的时间。为解决这一问题，经常应用的方法是测量脉冲响应（impulse responses）。脉冲响应度量的是被解释变量对单位冲击的响应。例如，假定某误差项仅在第 t 期发生突变，而后各期重新恢复平静，脉冲响应测量的是各期（t，$t+1$，$t+2$，…）的被解释变量对该冲击的反应。

四、（G）ARCH 模型

（一）（G）ARCH 模型的概念

自回归条件异方差（autoregressive conditional heteroscedasticity，ARCH）模型是近年来新发展起来的时间序列模型，它反映了随机过程的一种特性：方差随时间变化而变化，且具有丛集性和波动性。ARCH 模型已广泛地应用于金融领域的建模及研究过程中。

（二）（G）ARCH 模型的识别、估计、类型和预测

1. （G）ARCH 模型的识别

通常用 ARCH LM Test 对 ARCH 效应进行识别。ARCH LM Test 中的统计量是通过一个辅助的回归检验计算出来的。检验的原假设是 H_o：残差中一直到第 q 阶都没有 ARCH 现象，即令 $\beta_0 = \beta_1 = \cdots = \beta_q = 0$。

2. （G）ARCH 模型的估计

由于（G）ARCH 类模型不再是通常的线性模型，最小二乘估计法不能用来估计（G）ARCH 类模型。最主要的原因在于最小二乘估计法以残差平方和的最小为目标，然而残差平方和只由均值方差决定，而与条件方差无关，因此以残差平方和最小的估计方法不合适。

通常使用最大似然估计法估计（G）ARCH 类模型。对于给定的数据，最大似然估计法以找到最可能的参数为目的，线性模型和非线性模型都可以用最大似然法来估计，它以建立对数似然方程来实现。

3. （G）ARCH 模型的类型

除了基本的 ARCH 和 GARCH 模型外，在实际应用中根据研究问题的特征还推出多种（G）ARCH 类模型，如 GARCH-M 模型、EGARCH 模型和 TARCH 模型等。

4. （G）ARCH 模型的预测

（G）ARCH 类模型对于时间序列方差的建模非常有用，因此（G）ARCH 类模型的主要作用在于预测时间序列的方差，从而研究时间序列的波动性。同时可以结合前面讲到的动态模型组成方程组来模拟一些金融问题的特性，例如可以组合一个 ARMA-EGARCH（1，1）-M 模型等。如前所述，可以使用历史数据的移动平均过程来预测方差的波动，同样也可以使用（G）ARCH 类模型来进行预测，其方法相似，这里不再赘述。

第八节 联立方程模型

一、识别问题

如果能够通过简化式参数估计值及其与结构式参数估计值的关系式求得结构式参数估计值，则所求得的结构式参数估计值将是有偏但一致的。然而通过简化式参数并非一定能够求得结构式参数，这里存在模型的识别问题（problem of identification）。所谓识别问题，是指结构方程参数的数值估计，是否能够从估计的简化式参数求得。如果能够求得，我们就说此结构方程是可以识别的。特别地，如果能够得到结构参数估计值的唯一解，则称该结构方程是恰好识别的（exactly identified）；如果可以得到结构参数估计值的多个解，则称该结构方程是过度识别的（over identified）；如果不能通过简化式参数估计值求得结构式参数值，则称该结构方程是不可识别的（unidentified）或不足识别的（under identified）。

二、联立性检验

在建立联立方程模型的过程中，正确地设定一个变量是内生变量还是外生变量是十分重要的。若某变量本应为内生变量但在建模过程中却错误地被设定为外生变量，则该变量与随机误差项实际上存在相关关系，在估计过程中就会产生联立性偏误。而若某变量实际为外生变量但却设定其为内生变量，那么在运用工具变量法和两阶段最小二乘法等存在联立性的情况下使用的估计方法，尽管可以得到一致估计量，但却无法得到最优估计量，而在此情况下运用普通最小二乘法却可以得到最优线性无偏估计量。因此使用何种估计方法将取决于是否存在联立性，在决定使用其他估计方法而非普通最小二乘法之前应检验联立性的存在与否。

联立性偏误是由于某些内生变量做解释变量，从而与随机误差项存在相关性而产生的，因而联立性检验就归结为可能是内生变量的解释变量（待检验变量）与随机误差项的相关性检验。通常用 Hausman 设定误差检验（Hausman specification test）检验联立性。

三、联立方程模型的估计

（一）单一方程法

（1）普通最小二乘法在递归模型中的应用。

（2）间接最小二乘法。

第一步，将结构式模型转化为简化式模型。

第二步，对每个简化式方程应用普通最小二乘法，得到简化式参数的估计值。

第三步，根据简化式参数与结构式参数之间的关系式以及简化式参数估计值，求得结构式参数估计值。

（3）工具变量法。

间接最小二乘法只适用于恰好识别的结构方程，对于过度识别的结构方程，可以采用的一种估计方法是工具变量法。工具变量法的基本思想是：用适当的前定变量作为工具变量代替结构方程中作为解释变量的内生变量，从而降低解释变量与随机误差项之间的相关程度，再利用普通最小二乘法进行估计。工具变量法的关键是工具变量的选取，一般而言，工具变量应满足如下条件：

①工具变量与所替代的内生变量之间高度相关。

②工具变量是联立方程模型中真正的外生变量，即它与结构方程中的随机误差项不相关。

③同一方程使用多个工具变量时，它们之间的多重共线性程度要低。

④工具变量与结构方程中其他解释变量的多重共线性程度也要低。

实际中，在应用工具变量法估计联立方程模型时，一般选择模型中的某个或某些前定变量作为工具变量，而运用不止一个工具变量（工具变量组）又是比较常用的方法。

（4）两阶段最小二乘法。

两阶段最小二乘法是估计联立方程模型最常用的单一方程法，它是 Henri Theil 和 Robert I. Basmann 于 20 世纪 50 年代各自独立提出来的。两阶段最小二乘法的基本思想是利用简化式模型求得内生变量的拟合值，以消除随机误差项的影响，然后将结构方程右边的内生变量替换为相应的拟合值，并对替换后的结构方程分别运用普通最小二乘法估计参数。应用两阶段最小二乘法应满足如下条件：

①所考虑的结构方程是可以识别的。

②结构方程中的随机误差项满足零均值，方差为常数，序列不相关。

③前定变量多重共线性程度低。

④样本容量要足够大，至少要不少于方程中出现的前定变量的个数。

（二）系统方程法

前面所提到的单一方程法的各种估计方法，尽管可以得到参数的一致估计量，但一般来说它们都不能得到有效估计量，因为这些估计方法只利用了模型的部分信息，而没有考虑诸如误差项的跨方程相关等问题。为获得更有效的估计量，接下来我们将介绍系统方程法，其中最重要的一种方法是三阶段最小二乘法。

三阶段最小二乘法是由 H. Theil 和 A. Zell 于 1962 年提出的，是两阶段最小二乘法的一种推广。它的基本思想是：两阶段最小二乘法只使用了模型的部分信息，而忽视了模型结构对其他方程的参数值所施加的全部约束条件。特别是当联立方程模型各方程的随机误差项同期相关时，两阶段最小二乘法将不再有效，此时需要引入广义最小二乘法（GLS），以克服各方程之间的联立性偏误。

应用三阶段最小二乘法，应该满足如下假定：

①每个结构式方程都必须是可识别的。

②所有的恒等式已通过代换等方式消去。

③每个结构方程的随机误差项满足零均值、同方差性以及无自相关性。

④不同结构方程的随机误差项是同期相关的。如果不相关，三阶段最小二乘法将等价于两阶段最小二乘法。应用三阶段最小二乘法的基本步骤如下：

第一阶段：利用普通最小二乘法估计结构式模型对应的简化式模型，并求得各内生变量的拟合值。

第二阶段：将结构方程右边的内生变量用其拟合值代替，再利用普通最小二乘法估计替代后的方程，得到结构参数估计值。然后计算各方程的残差值，利用残差值求得误差项方差以及跨方程协方差的一致估计值。

第三阶段：根据第二阶段得到的误差项方差估计值以及跨方程协方差估计值，应用广义最小二乘法得到三阶段最小二乘估计值。

可以证明，虽然三阶段最小二乘估计值也是有偏的，但比两阶段最小二乘估计值更为有效。

第三章

EViews 软件

第一节 EViews 软件简介及其特点

一、EViews 软件简介

EViews 的英文全称为 Econometric Views（经济计量视图），是美国 QMS 公司开发的运行于 Windows 环境下的经济计量分析软件。EViews 是应用较为广泛的经济计量分析软件 Micro TSP 的 Windows 版本，它引入了全面的面向对象概念，通过对象实现各种计量分析功能。EViews 提供了进行复杂数据分析、回归和预测等的强大工具，我们可以使用 EViews 快速地进行经济计量模型的设立、估计、检验和应用等。EViews 引入了流行的对象概念，操作灵活简便，可采用多种操作方式进行各种计量分析和统计分析，数据管理简单方便。它包含了一般计量软件的主要功能，如输入和修改时间序列数据或横截面数据，依据已有序列运算生成新的序列；计算描述统计量，如相关系数、协方差、自相关系数、偏自相关系数等；进行统计检验，如 t 检验、方差分析、协整检验、Granger 因果检验等；进行回归分析，如使用普通最小二乘法、两阶段最小二乘法和三阶段最小二乘法、非线性最小二乘法、ARCH 模型估计法等；对联立方程、向量自回归系统、多项式分布滞后模型等进行估计、预测、模型模拟等。

二、EViews 软件的特点

（1）EViews 提供便利的从键盘、磁盘文件得到数据的方法，并能从已有的数据得到新的数据，显示和打印数据，以及做数据序列的统计分析和相关分析。

（2）EViews 得益于 Windows 可视的特点，能通过标准的 Windows 菜单和对话框，用鼠标选择操作，并且能通过标准的 Windows 技术来使用显示于窗口中的结果。

（3）此外，还可以利用 EViews 的强大的命令功能和它的大量的程序处理语言，进入命令窗口修改命令，并可以将计算工作的一系列操作建立成相应的计算程序并存储，从而可以通过直接运行程序来完成复杂的计算工作。

第二节　EViews 软件安装流程

为了给读者带来方便，我们在这一节详细介绍 EViews 10.0 的安装步骤。

步骤 1：压缩完成后，鼠标左键双击“EViews 10.0”，如图 3-1 所示。

图 3-1　安装步骤（1）

步骤 2：双击鼠标左键选择安装的电脑位数（以安装 EViews 10.0 64 位.zip 为例），如图 3-2 所示。

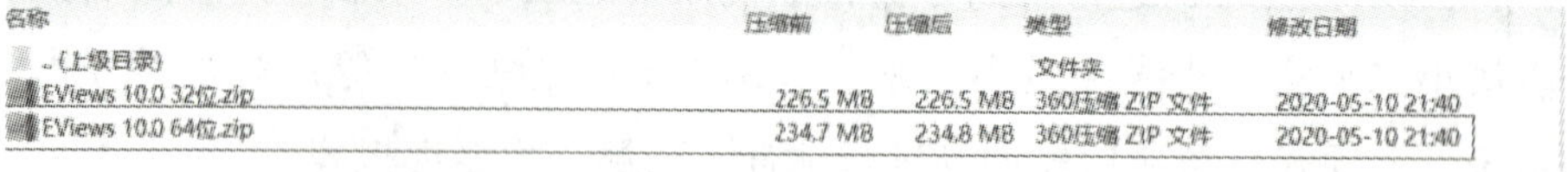

图 3-2　安装步骤（2）

步骤 3：双击鼠标左键选择“EViews 10.0 64 位”，如图 3-3 所示。

图 3-3　安装步骤（3）

步骤 4：双击鼠标左键选择“EViews10Installer（64 位）”，等待压缩进度完成，如图 3-4 所示。

图 3-4　安装步骤（4）

步骤 5：来到安装界面，直接单击鼠标左键选择“Next”进行下一步，如图 3-5 所示。

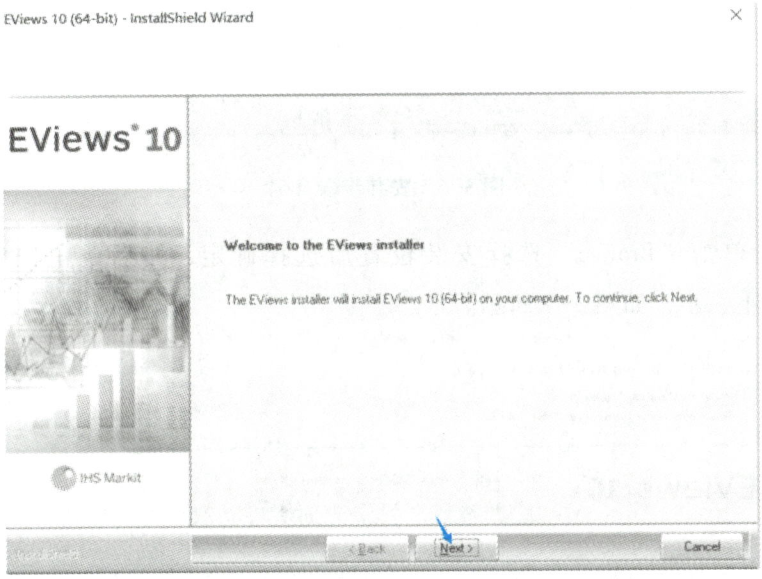

图 3-5　安装步骤（5）

步骤 6：勾选“I accept the terms of the license agreement”，然后单击“Next”进行下一步，如图 3-6 所示。

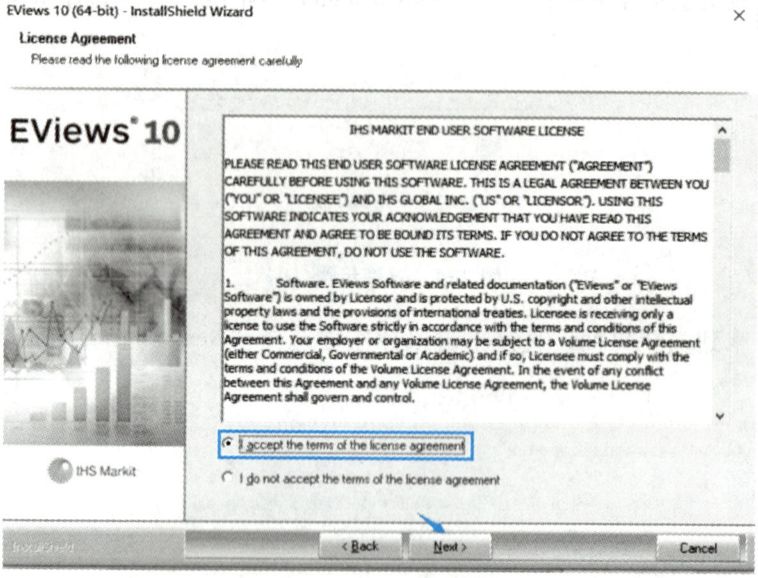

图 3-6　安装步骤（6）

步骤 7：单击“Browse”选择安装位置后选择确定，然后单击鼠标左键选择“Next”进行下一步，如图 3-7 所示。

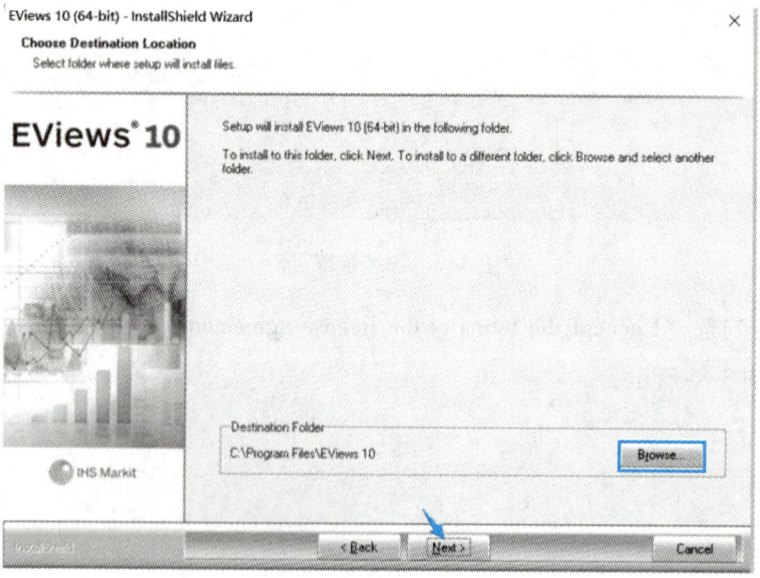

图 3-7　安装步骤（7）

步骤 8：在“Serial Number”栏中填入“demo”；在“Name”栏中填写任意内容。选项栏选择所有人（all user），然后单击鼠标左键选择“Next”进行下一步，如图 3-8 所示。

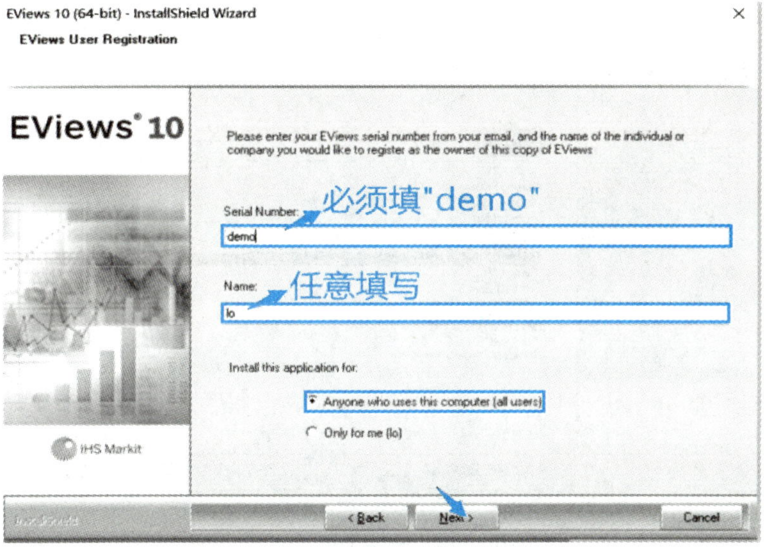

图 3-8　安装步骤（8）

步骤 9：直接单击鼠标左键选择“Next”进行下一步，如图 3-9 所示。

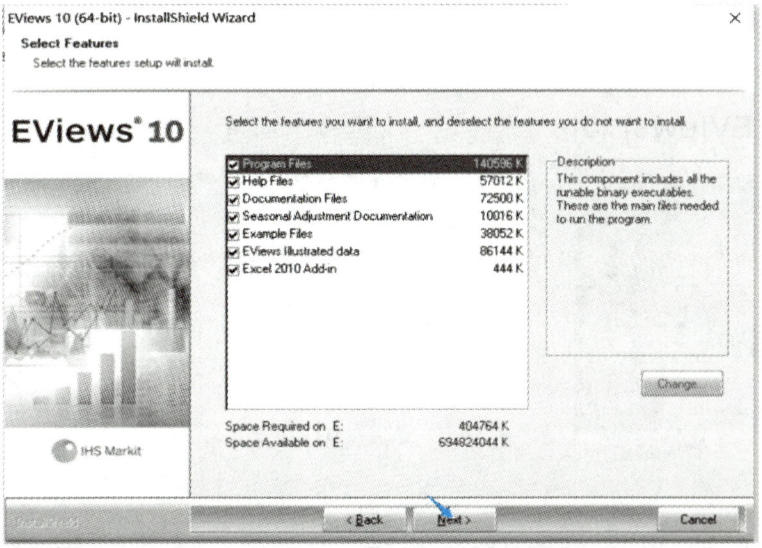

图 3-9　安装步骤（9）

步骤 10：直接单击鼠标左键选择“Next”进行下一步，如图 3-10 所示。

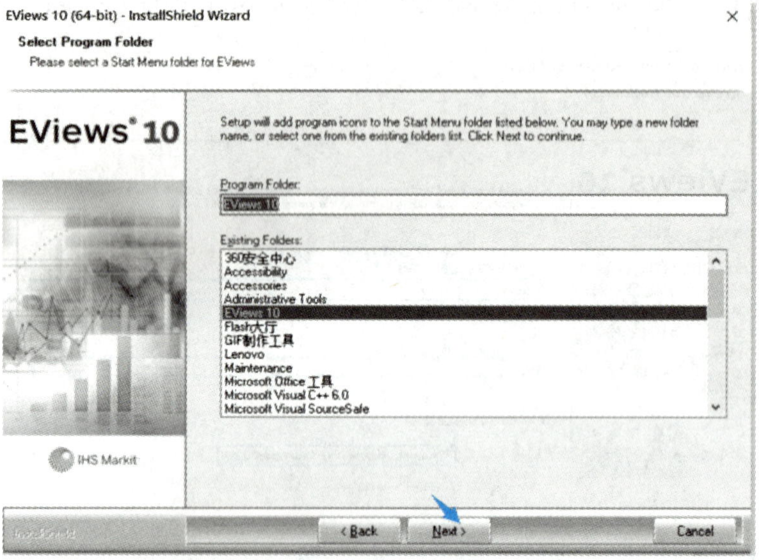

图 3-10　安装步骤（10）

步骤 11：勾选“No，do not allow EViews to check for updates”，然后单击鼠标左键选择“Next”进行下一步，如图 3-11 所示。

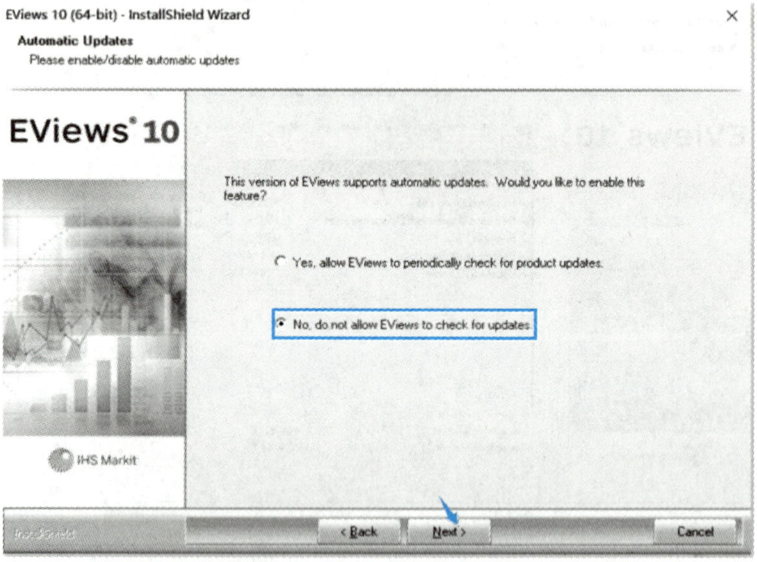

图 3-11　安装步骤（11）

步骤 12：等待安装进度条完成，对弹出的窗口界面，选择“是”，选择“Finish”，安装完成，如图 3-12 所示。

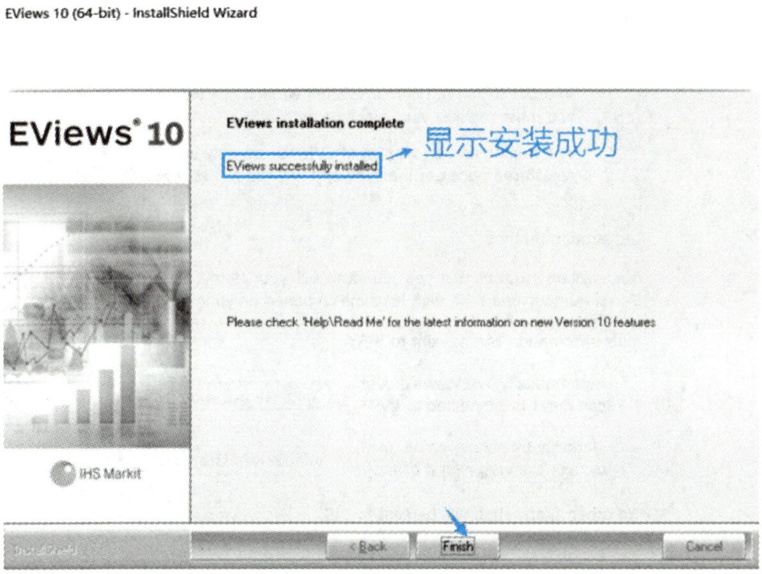

图 3-12　安装步骤（12）

步骤 13：双击鼠标左键选择“EViews 10（×64）”，如图 3-13 所示。

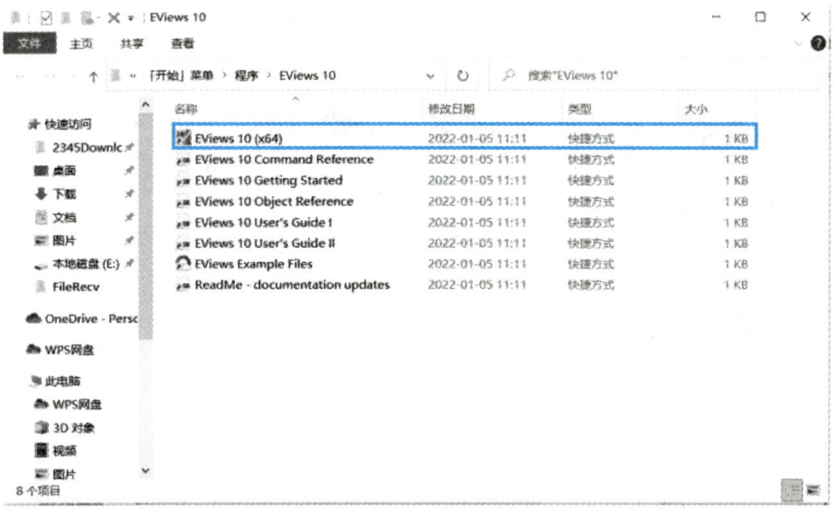

图 3-13　安装步骤（13）

步骤 14：单击鼠标左键选择“I will register later”后，返回开始的安装界面，如图 3-14 所示。

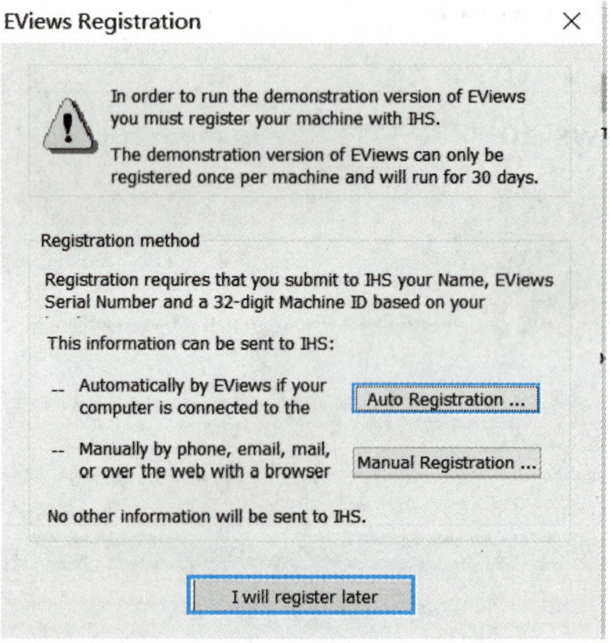

图 3-14　安装步骤（14）

步骤 15：双击鼠标左键打开“破解文件”，如图 3-15 所示。

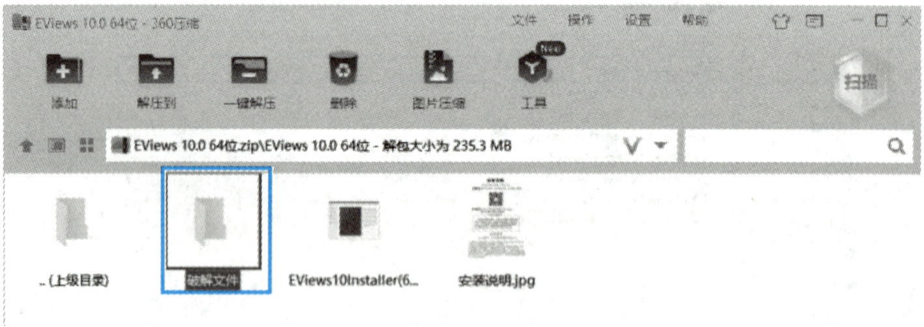

图 3-15　安装步骤（15）

步骤 16：双击鼠标左键选择“eviews. 10.(64-bit)-path.exe”，如图 3-16 所示。

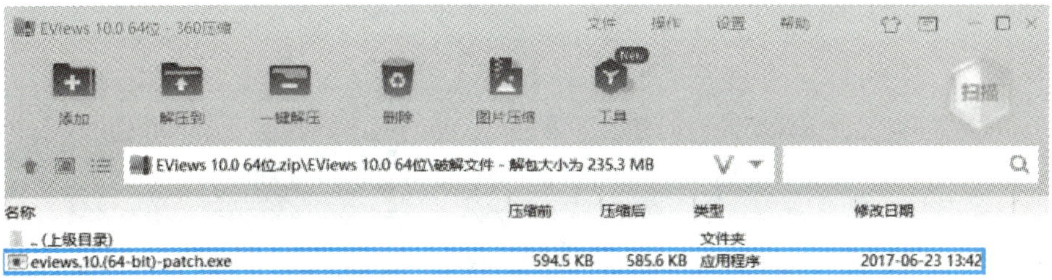

图 3-16　安装步骤（16）

步骤 17：单击鼠标左键选择“PATCH”，然后关掉返回重新打开就可以了，即安装完成，如图 3-17 所示。

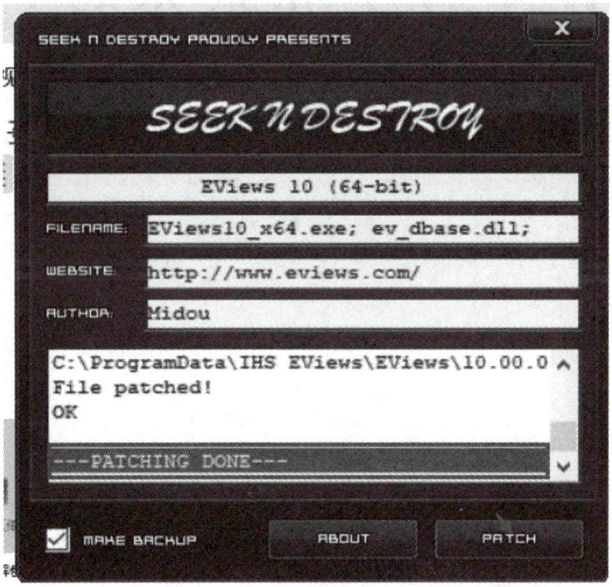

图 3-17　安装步骤（17）

第四章

OLS 方法的基本操作及回归结果的解读

第一节 EViews10.0 使用介绍

一、数据输入、修改及保存

EViews10.0 提供了多种数据输入的方式，既支持直接输入数据，同样也支持从 ASCII 文件（后缀名为.txt）、Excel 文件（后缀名为.xls）等类型的文件中导入数据。下面以一个具体的例子来逐步说明，数据使用 EX4.1.xls。

首先，建立工作文件（后缀名为 wfl）并导入数据。在 EViews10.0 软件菜单中依次选择“File”—“New”—“Workfile”，可以见到窗口如图 4-1 所示。

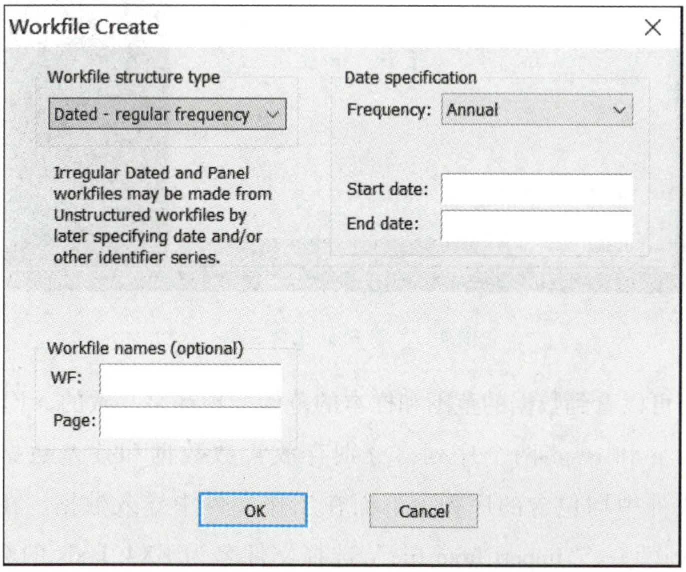

图 4-1　EViews10.0 新工作文件数据设定窗口

可供选择的数据频率有八种，本例中使用的是月数据；在起始期和结束期中根据需要填入，本例中分别是 2017M02 和 2021M09，表示数据从 2017 年 2 月开始，于 2021 年 9 月结束。季度数据的输入与月数据相似，如 2017Q4 到 2021Q2 代表从 2017 年第四季度到 2021 年第二季度，月数据和季度数据的格式需要特别注意区别。确定后可以得到如图 4-2 所示的窗口。

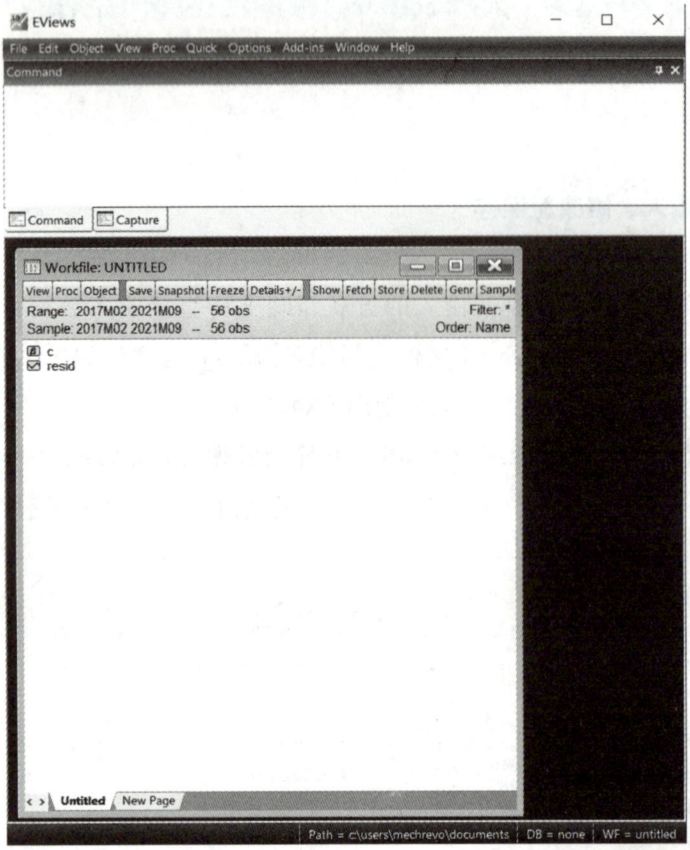

图 4-2　空白新工作文件

从图 4-2 中可以看到数据的范围和样本的范围，现在是一致的，均为初始的设定。文件中已经包含 c 和 resid 两个序列，分别存放常数数据和残差数据，这也是所有 EViews 的工作文件中均包含的序列，下面在工作文件中导入数据。在主窗口中选择“File”—“Import”—“Import from file”选择文件名为 EX4. 1.xls 的数据文件，打开如图 4-3 所示窗口单击鼠标左键选择“下一页”至图 4-4 所示窗口。

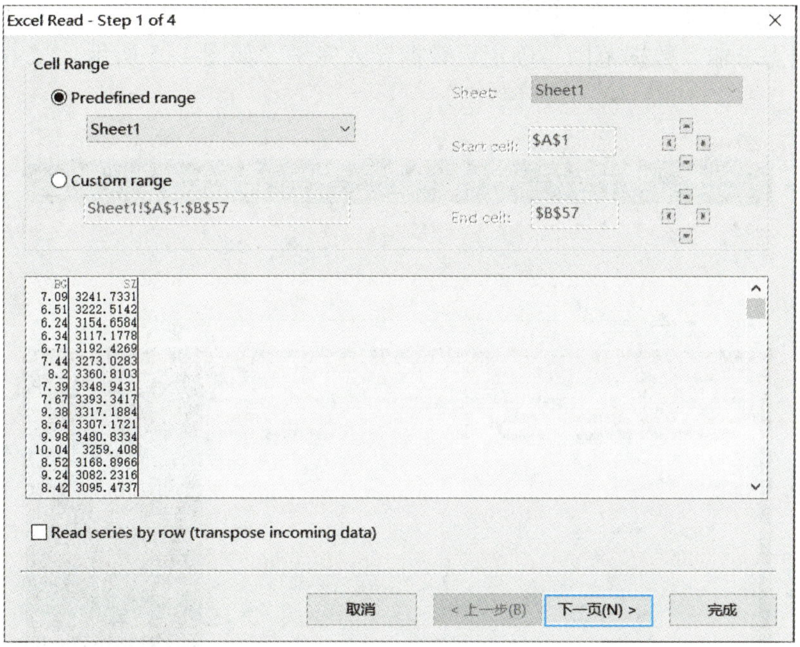

图 4-3　新工作文件数据导入窗口（1）

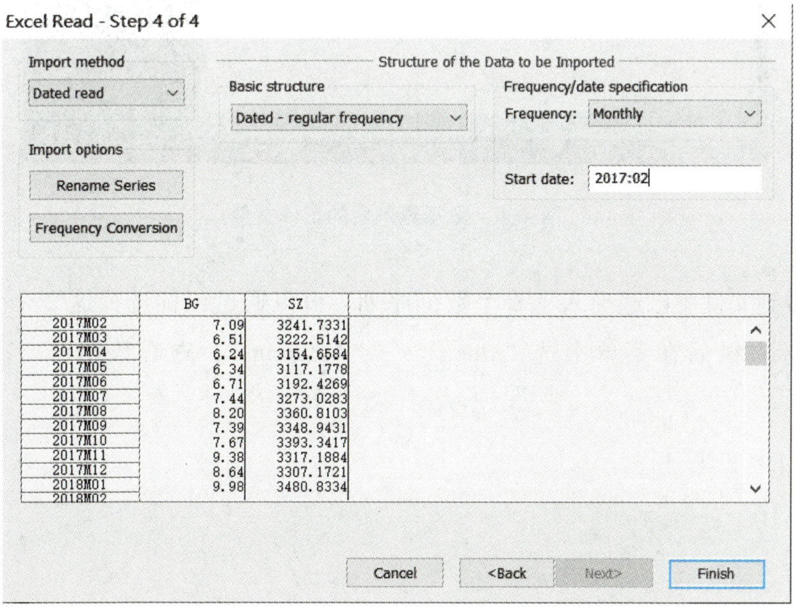

图 4-4　新工作文件数据导入窗口（2）

在图 4-3 的窗口中可以选择数据输入的行或列顺序，本例为列顺序；在图 4-4 的窗口中按照需求输入数据范围。确定后数据导入完毕，如图 4-5 所示。

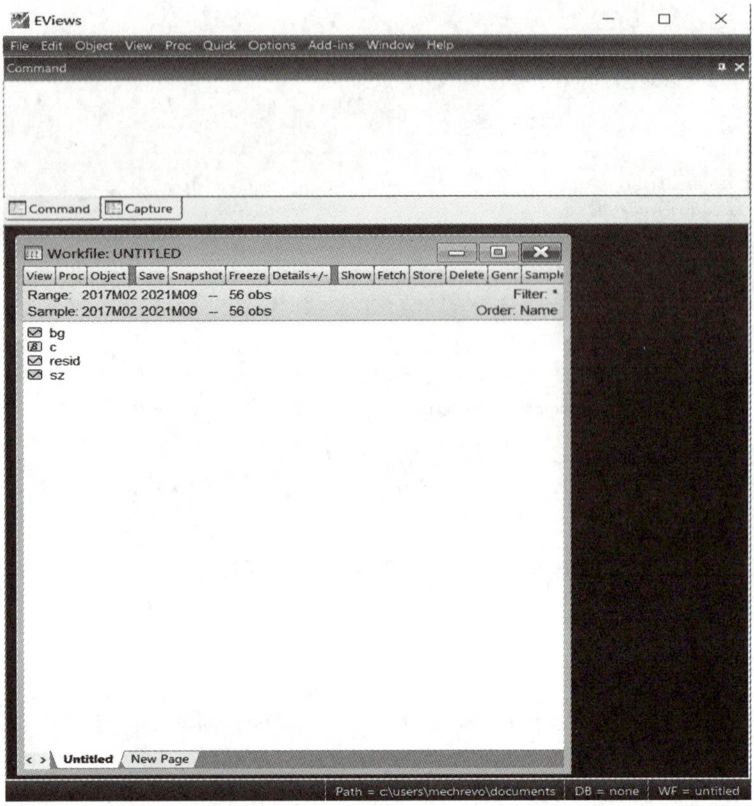

图 4-5　数据导入后的工作文件

可以看到文件中已经导入了 2 个数据序列，可以通过鼠标选择这 2 个变量名，然后单击鼠标右键后在菜单中选“Open”—“As group”，查看数据窗口，如图 4-6 所示。

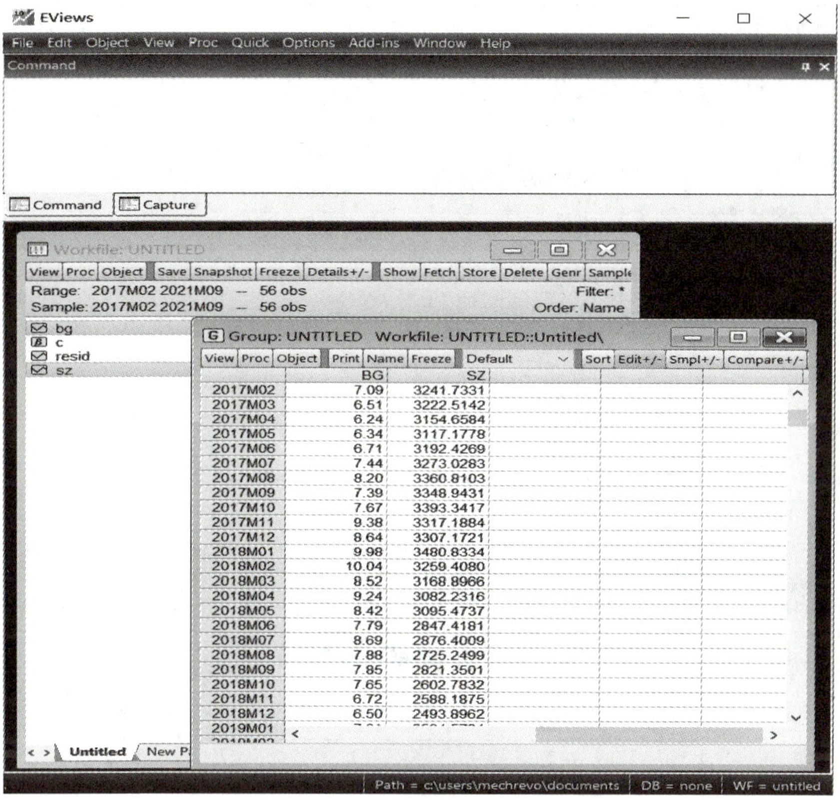

图 4-6　查看数据窗口

这时如果发现数据存在错误，可以点“Edit”进行修改，如果数据无误，可以通过菜单中的“File”—“Save”或“Save As”来保存工作文件。

二、EViews 绘图

绘图对统计计量分析十分重要，通过图形可以直观地说明金融及经济问题，因此计量软件通常都带有绘图功能。EViews 提供了丰富的数据图形输出方式，包括线形图、条状图、饼状图和多种散点图等，这些图形可以方便地通过剪切和粘贴输出到如 Word 等的一些文字处理软件中。继续以本例选择 GDP 和 Ml 两个变量打开线形图，具体步骤是打开两个序列后依次选择“View”—“Graph”—“Line”，得到如图 4-7 和图 4-8 所示的窗口。

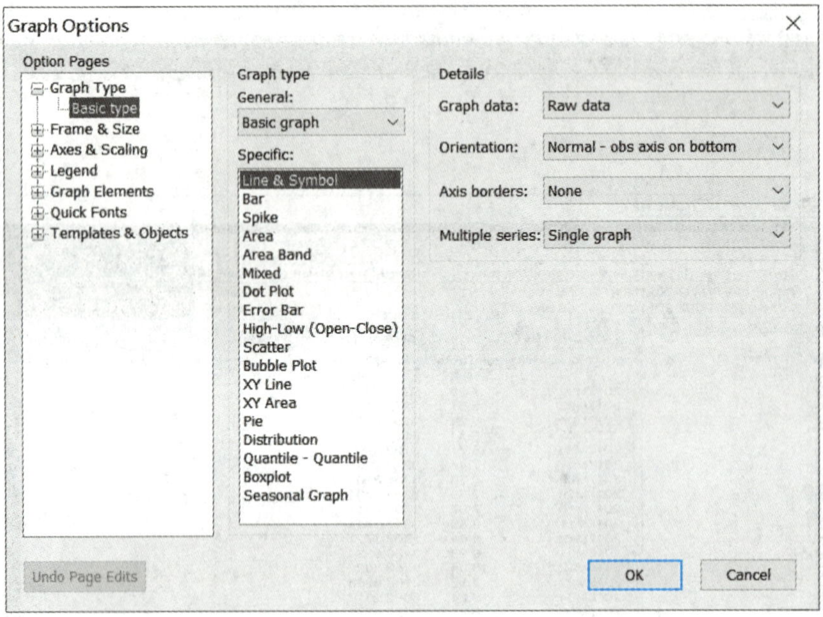

图 4-7 选择线形图

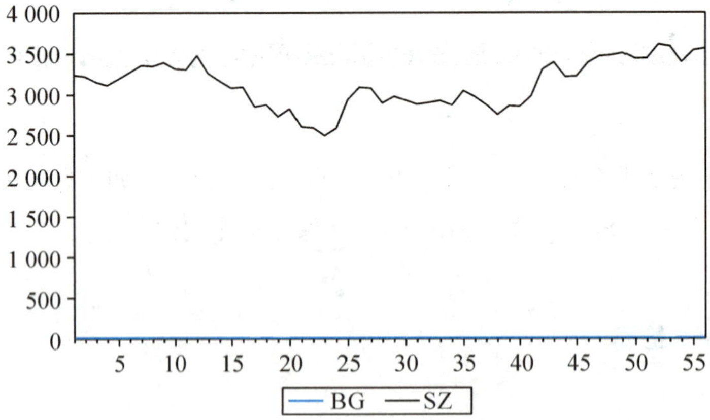

图 4-8 BG 和 SZ 线形图

以上只是简单地介绍在 EViews 软件中进行数据输入和修改、工作文件的建立和保存，以及绘图等简单的操作。利用 EViews 进行回归分析等操作都可以通过这种菜单方式进行，详细的使用方法可以参考 EViews 的用户手册以及帮助文件，第二节仅介绍一个简单的例子。

第二节 案例分析

继续使用 EX4. 1.xls 中的数据做一个简单回归分析的演示。我们已经按照前面的方法把数据导入工作文件，BG 代表宝钢股份 2017 年 2 月至 2021 年 9 月的月收盘价，SZ 代表上证指数 2017 年 2 月至 2021 年 9 月的月收盘价，假设我们要分析 2017 年 2 月至 2021 年 9 月上证指数收益率对宝钢股份收益率的影响，我们应建立以 RBG(RBG = (BG - BG(- 1))/BG(- 1)) 为被解释变量，RSZ(RSZ = (SZ - SZ(- 1))/SZ(- 1)) 为解释变量的模型。在按组打开两个数据序列后通过“Procs”—“Make Equation”打开“Equation Specification”对话框（如图 4-9 所示）。

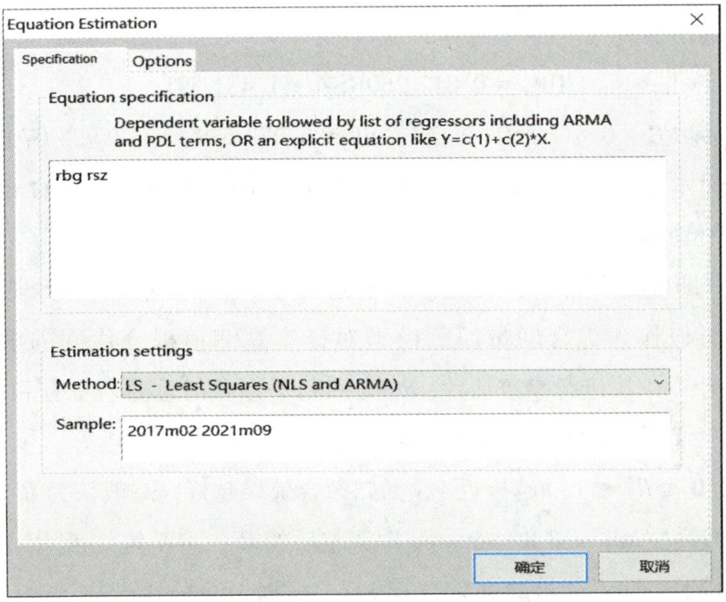

图 4-9　方程设定窗口

在对话框中填入所估计模型的被解释变量和解释变量（本例中包含常数项 C），估计方法选用最小二乘法，样本范围不变，确定后可以得到估计结果（如图 4-10 所示）。

Dependent Variable: BG
Method: Least Squares
Date: 02/28/22 Time: 14:41
Sample: 1 56
Included observations: 56

Variable	Coefficient	Std. Error	t-Statistic	Prob.
C	1.431591	2.021766	0.708089	0.4819
SZ	0.001787	0.000644	2.774501	0.0076

R-squared	0.124767	Mean dependent var	7.017857
Adjusted R-squared	0.108559	S.D. dependent var	1.453523
S.E. of regression	1.372361	Akaike info criterion	3.506003
Sum squared resid	101.7022	Schwarz criterion	3.578337
Log likelihood	-96.16808	Hannan-Quinn criter.	3.534047
F-statistic	7.697853	Durbin-Watson stat	0.239576
Prob(F-statistic)	0.007577		

图 4-10 回归结果

下面我们将对图 4-10 中显示的基本内容作简单解释：上面部分依次显示的是被解释变量、估计的方法、估计的时间、样本范围和观察值数量；中间部分显示的是解释变量和常数项的参数、标准差、t 检验值和 P 值。

我们得到的模型为

$$\mathrm{RBG} = 0.812\,260\mathrm{RSZ} + 1.431\,591$$

此模型中参数 $\hat{\beta} = 0.812\,260$；标准差 $\mathrm{SE} = 0.277\,689$；$t = 2.925\,070$；$p = 0.005\,0$

下面部分显示了模型总体的估计情况，如 R- squared 值、调整的 R- squared 值、DW 统计值、F 检验值等。

R- squared 即可决系数 R^2，是指回归平方和（SSR）在总变差（SST）中所占的比重。可决系数可以作为综合度量回归模型对样本观测值拟合优度的度量指标。R- squared 采用最小二乘法进行参数估计，R^2 为回归平方和与总离差平方和的比值，表示总离差平方和中可以由回归平方和解释的比例，这一比例越大越好，模型越精确，回归效果越显著。$0 \leqslant R^2 \leqslant 1$，越接近 1，回归拟合效果越好，一般认为 R^2 超过 0.8 的模型拟合优度比较高。Adjusted R- squared 即调整后的 R^2，DW 统计量用来检验残差一阶自相关（只能检验一阶不能检验高阶自相关）。根据 DW 公式可知，r 表示相邻残差之间的相关系数存在如下关系：

$r = 0$ 也就是说近似于 2 的 DW 值表示残差不存在相关性；

$r > 0$ 也就是说接近 0 的 DW 值表示正相关；

$r < 0$ 也就是说接近 4 的 DW 值表示负相关。

F 检验（F-test），最常用的别名叫作联合假设检验（joint hypotheses test），此外也称之为方差比率检验、方差齐性检验。它是一种在零假设（null hypothesis）之下，统计值服从 *F* 分布的检验。其通常用来分析用了超过一个参数的统计模型，以判断该模型中的全部或一部分参数是否适合用来估计母体。

F 检验的原假设是 H0，所有回归参数都等于 0，*F* 检验通过，说明模型总体存在，*F* 检验不通过，其他的检验就不存在进行的必要，因为模型所有参数不显著异于 0，相当于模型不存在。

第五章

异方差和自相关问题的处理实验

第一节 异方差

以下是一个很有意思的例子，从中可以认识到计量方法的实际意义，甚至进而体现一个部门或单位的管理水平。

例 5-1 纽约证券交易所（New York Stock Exchange，NYSE）最初是极力反对对经济佣金率放松管制的，在 1975 年 5 月 1 日引入放松管制以前 NYSE 向美国证券交易委员会（SEC）提交了一份经济计量研究报告，认为在经济行业中存在着规模经济，因此（由垄断决定的）固定佣金率是公正的。NYSE 所提交的经济计量分析基本上是围绕着以下回归函数来进行的：

$$\hat{Y}_i = 467\ 000 + 31.348X_i - (1.083 \times 10^{-6})X_i^2 \qquad (式 5.1)$$

$$(2.98) \quad (40.39) \quad (-6.54)$$

$$R^2 = 0.94$$

其中，Y 表示总成本，X 表示股票交易的数量。总成本与交易量是正相关的，但是由于交易量的二次方系数为负，并且是显著的，这意味着总成本是以一个递减的速率在增加。因此，NYSE 认为在经济行业中存在着规模经济，从而证明了 NYSE 的垄断地位是正当的。

然而美国司法部反托拉斯局却认为式 5.1 中所声称的规模经济只是幻想，因为该回归函数存在着异方差问题。这是因为在估计成本函数时，NYSE 并未考虑公司与大公司的差别，也就是说，NYSE 并没有考虑到规模因素。假设误差项与交易量成比例，反托拉斯局重新估计了方差（3.23），得到如下的回归结果：

$$\hat{Y}i = 342\ 000 + 25.75X_i + (4.34 \times 10^{-6})X_i^2 \qquad (式 5.2)$$

$$(32.3) \quad (7.07) \quad (0.050\ 3)$$

从式 5.2 可看出，二次项不仅是不显著的，而且其符号也发生了改变。因此在经济行业中并不存在规模经济，这就推翻了 NYSE 的垄断佣金结构的论点。

例 5-2 下面通过一个具体金融案例来讨论异方差的检验与修正过程。根据北京市 1978—1998 年人均储蓄与人均收入的数据资料，假定 X 为人均收入（元），Y 为人均储蓄（元），分析人均储蓄受人均收入的线性影响，可建立一元线性回归模型进行分析。

一、用 OLS 估计法估计参数

（一）导入数据

首先建立工作文件（后缀名为 wf1）并导入数据。在 EViews 软件菜单中依次选择“File”—“New”—“Workfile”，在“Start date”和“End date”框中分别输入“1978”和“1998”，如图 5-1 所示。

然后单击“OK”，弹出如下窗口，如图 5-2 所示。

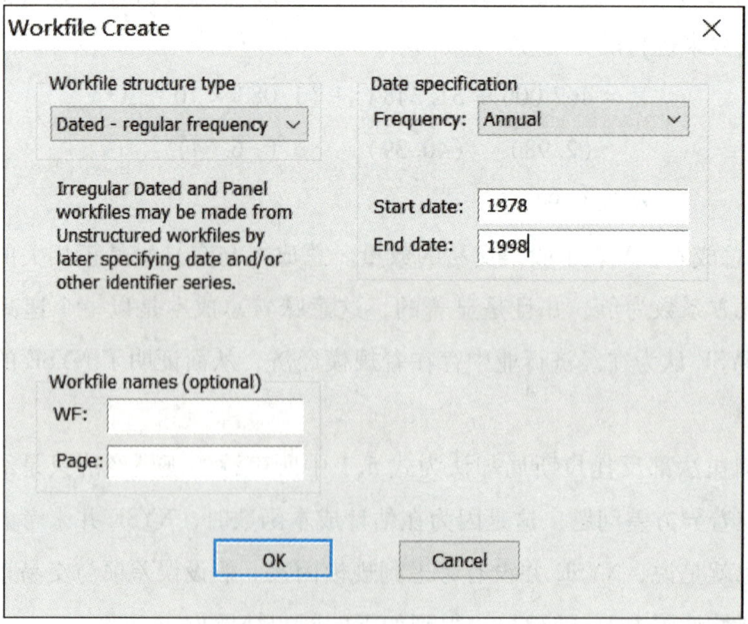

图 5-1　建立新文件

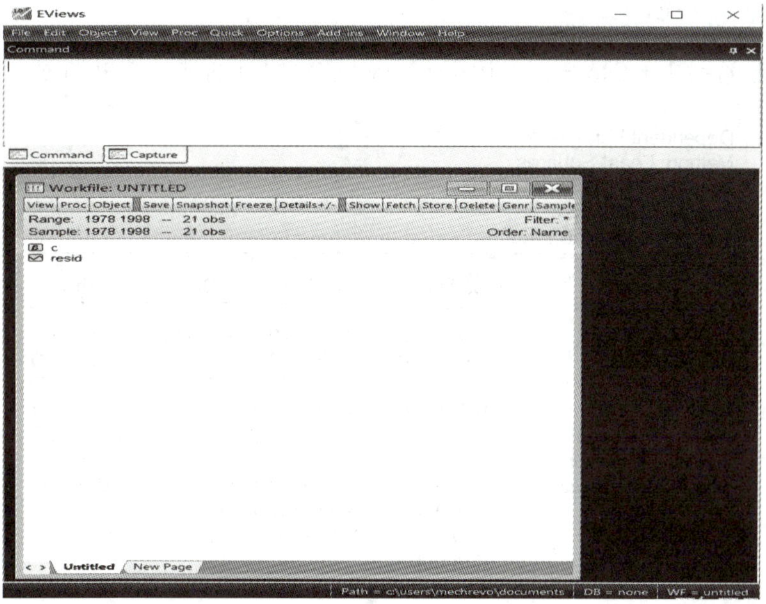

图 5-2　建立新文件

依次选择“File”—“Import”—“Import from file”后，选择文件名为 EX5. 1.xls 的数据文件，再单击“OK”完成数据导入，如图 5-3 所示。

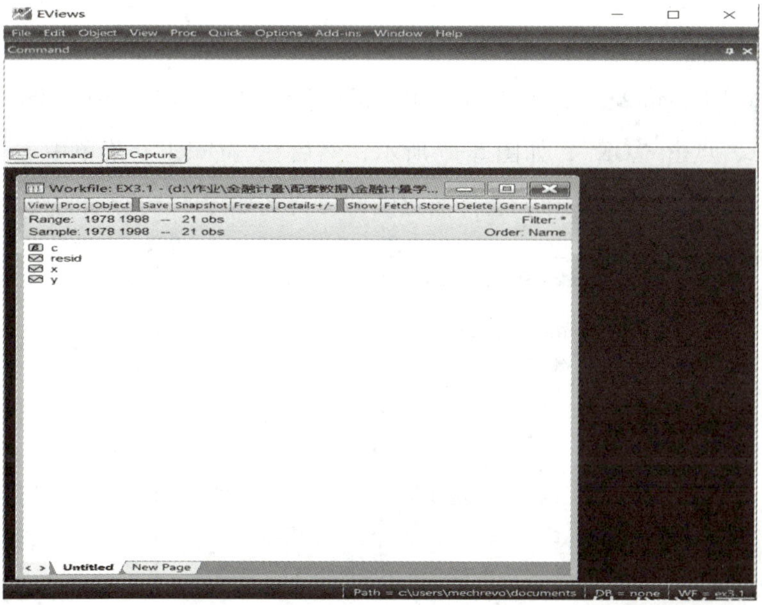

图 5-3　导入数据

（二）回归数据估计方程

设模型为 $Y=\beta 1+\beta 2X+\mu$，运用 EViews 软件得到的估计结果如图 5-4 所示。

Dependent Variable: Y
Method: Least Squares
Date: 01/16/22 Time: 16:39
Sample: 1978 1998
Included observations: 21

Variable	Coefficient	Std. Error	t-Statistic	Prob.
C	-2185.998	339.9020	-6.431262	0.0000
X	1.684158	0.062166	27.09150	0.0000

R-squared	0.974766	Mean dependent var	4533.238
Adjusted R-squared	0.973438	S.D. dependent var	6535.103
S.E. of regression	1065.086	Akaike info criterion	16.86989
Sum squared resid	21553736	Schwarz criterion	16.96937
Log likelihood	-175.1339	Hannan-Quinn criter.	16.89148
F-statistic	733.9495	Durbin-Watson stat	0.293421
Prob(F-statistic)	0.000000		

图 5-4 EViews 回归结果

二、异方差检验

（一）图示法

首先通过“Equantion”对话框中“Procs”菜单的“Make ResidualSeries”命令生产残差序列 E，点击“OK”，如图 5-5 所示，然后在“Quick”菜单中选“Graph”选项，在对话框中输入“X-E^2”，选择散点图即可得到如图 5-6 所示的残差图。

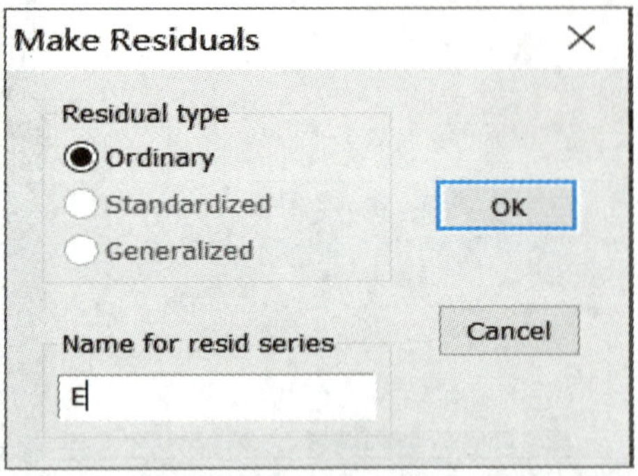

图 5-5 生产残差序列

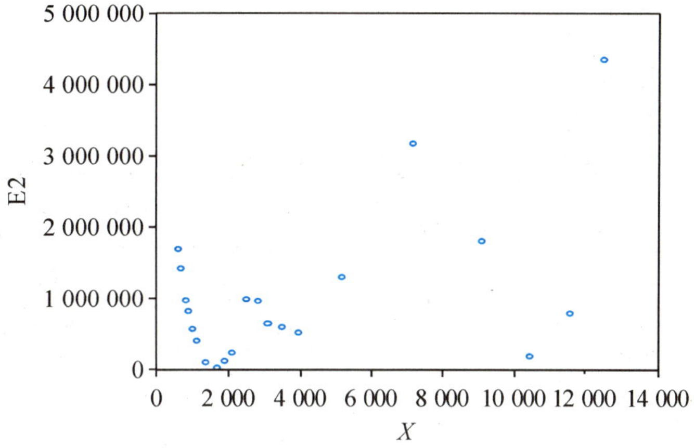

图 5-6　残差图

（二）Goldfeld-Quandt 检验

根据前述的检验方法，首先将时间定义为 1978—1985 年，在“Workfile”对话框中选择“Procs”菜单的“Sample”选项，弹出如下窗口并把期间改为“1978 1985”，如图 5-7 所示。

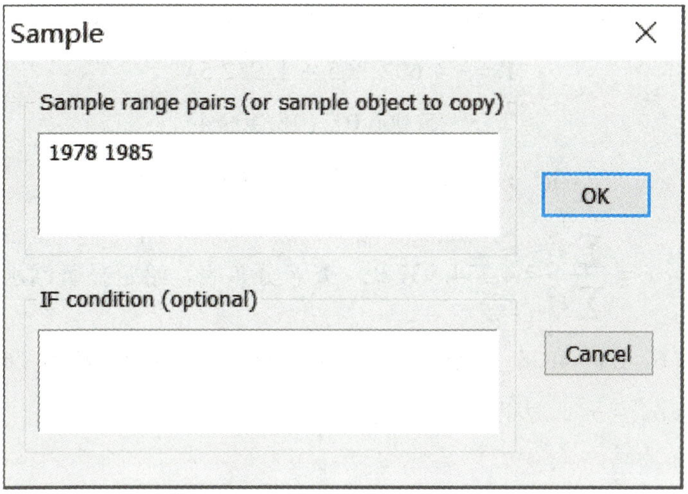

图 5-7　Goldfeld-Quandt 检验

再在 EViews 命令区输入命令“LS Y C X”回车得到图 5-8 所示的结果。

Dependent Variable: Y
Method: Least Squares
Date: 01/17/22 Time: 12:24
Sample: 1978 1985
Included observations: 8

Variable	Coefficient	Std. Error	t-Statistic	Prob.
C	-145.4415	16.65952	-8.730234	0.0001
X	0.397119	0.015618	25.42693	0.0000

R-squared	0.990805	Mean dependent var	255.7500
Adjusted R-squared	0.989273	S.D. dependent var	146.0105
S.E. of regression	15.12284	Akaike info criterion	8.482607
Sum squared resid	1372.202	Schwarz criterion	8.502468
Log likelihood	-31.93043	Hannan-Quinn criter.	8.348657
F-statistic	646.5287	Durbin-Watson stat	1.335534
Prob(F-statistic)	0.000000		

图 5-8　1978—1995 年数据的回归结果

即用 OLS 方法求得下列结果：

$$Y = 145.4415 + 0.3971X$$

$$(-8.7302)\ (25.4269)$$

$$R^2 = 0.9908,\quad \sum e_1^2 = 1\,372.202$$

然后将时间定义为 1991—1998 年，再用 OLS 方法求得如下结果：

$$Y = -4\,602.365 + 1.9525X$$

$$(-5.0660)\ (18.4094)$$

$$R^2 = 0.9826,\quad \sum e_2^2 = 5\,811\,189$$

求 F 统计量：$F = \dfrac{\sum e_2^2}{\sum e_1^2} = 4\,334.9370$，查 F 分布表，给定显著性水平 $\alpha=0.05$，得到临界值 $F0.05(6,6)=4.28$。比较 $F0.05(6,6)=4.28 > F0.05(6,6)=4.28$，所以我们得拒绝 $H0$：$\sigma_1^2=\sigma_2^2$，表明随机误差项显著存在异方差。

（三）ARCH 检验

在 EViews 中进行 ARCH 检验十分方便，在菜单中选择“View” - “Residual Diagnostics” - “Heteroskedasticity Tests” - “ARCH” 命令，然后选择滞后项阶数如 3 阶（如图 5-9 所示），即可得到如图 5-10 所示的结果。从中可知 $Obs * R^2=10.168$，P 值为 0.017，表明模型随机误差项存在异方差性。

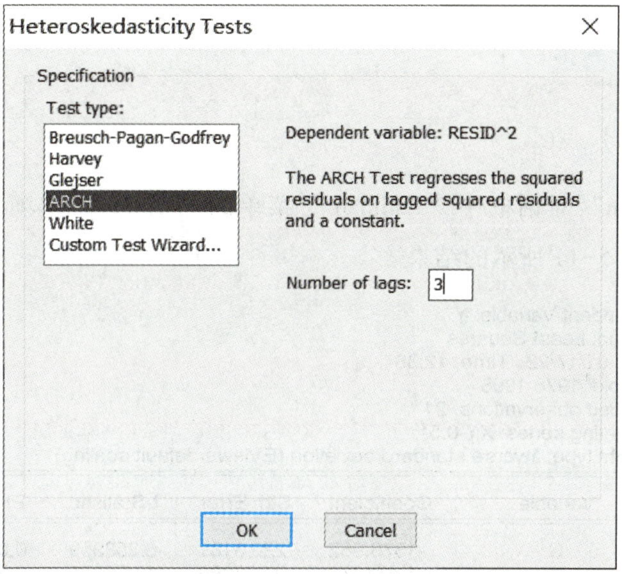

图 5-9　ARCH 检验滞后阶数为 3

Heteroskedasticity Test: ARCH

F-statistic	6.083602	Prob. F(3,14)	0.0072
Obs*R-squared	10.18624	Prob. Chi-Square(3)	0.0170

Test Equation:
Dependent Variable: RESID^2
Method: Least Squares
Date: 01/17/22   Time: 12:32
Sample (adjusted): 1981 1998
Included observations: 18 after adjustments

Variable	Coefficient	Std. Error	t-Statistic	Prob.
C	242407.2	372654.8	0.650487	0.5259
RESID^2(-1)	1.229916	0.329833	3.728905	0.0022
RESID^2(-2)	-1.408992	0.378753	-3.720081	0.0023
RESID^2(-3)	1.018754	0.327542	3.110302	0.0077

R-squared	0.565902	Mean dependent var	971588.3
Adjusted R-squared	0.472881	S.D. dependent var	1130306.
S.E. of regression	820635.6	Akaike info criterion	30.26668
Sum squared resid	9.43E+12	Schwarz criterion	30.46454
Log likelihood	-268.4001	Hannan-Quinn criter.	30.29396
F-statistic	6.083602	Durbin-Watson stat	2.125335
Prob(F-statistic)	0.007182		

图 5-10　ARCH 检验结果

三、异方差的修正

（一）WLS 估计法

选择“Equation”对话框中“Estimate”菜单的“Option”选项，填入权重 X^(-0.5)即可得到如图 5-11 所示的结果。

Dependent Variable: Y
Method: Least Squares
Date: 01/17/22 Time: 12:38
Sample: 1978 1998
Included observations: 21
Weighting series: X^(-0.5)
Weight type: Inverse standard deviation (EViews default scaling)

Variable	Coefficient	Std. Error	t-Statistic	Prob.
C	-1378.962	220.3181	-6.258959	0.0000
X	1.481876	0.083896	17.66326	0.0000

Weighted Statistics

R-squared	0.942597	Mean dependent var	2384.938
Adjusted R-squared	0.939575	S.D. dependent var	2695.511
S.E. of regression	832.7163	Akaike info criterion	16.37766
Sum squared resid	13174913	Schwarz criterion	16.47713
Log likelihood	-169.9654	Hannan-Quinn criter.	16.39925
F-statistic	311.9908	Durbin-Watson stat	0.165765
Prob(F-statistic)	0.000000	Weighted mean dep.	1182.530

Unweighted Statistics

R-squared	0.960704	Mean dependent var	4533.238
Adjusted R-squared	0.958636	S.D. dependent var	6535.103
S.E. of regression	1329.123	Sum squared resid	33564815
Durbin-Watson stat	0.237190		

图 5-11 WLS 估计结果

（二）对数变换法

在“Equation”窗口中“Estimate”菜单的对话框直接输入“LOG（Y）C LOG（X）”再单击“OK”后，就可以得到线性模型对数变换后的结果，如图 5-12 所示。

Dependent Variable: LOG(Y)
Method: Least Squares
Date: 01/17/22 Time: 12:42
Sample: 1978 1998
Included observations: 21

Variable	Coefficient	Std. Error	t-Statistic	Prob.
C	-6.839136	0.237565	-28.78845	0.0000
LOG(X)	1.787149	0.030033	59.50680	0.0000

R-squared	0.994663	Mean dependent var	7.195082
Adjusted R-squared	0.994382	S.D. dependent var	1.746173
S.E. of regression	0.130880	Akaike info criterion	-1.138677
Sum squared resid	0.325463	Schwarz criterion	-1.039199
Log likelihood	13.95611	Hannan-Quinn criter.	-1.117088
F-statistic	3541.059	Durbin-Watson stat	0.642916
Prob(F-statistic)	0.000000		

图 5-12 对数变换估计结果

比较上述两种修正方法，对数变换后的结果在拟合优度和系数显著性都要好于加权最小二乘法得到的结果，这说明人均收入与人均储蓄的关系更接近于对数关系。

第二节 自相关的检验与修正

我们运用 EViews 来分析一下上海证券市场 A 股成分指数（简称 SHA）和深圳证券市场 A 股成分指数（简称 SZA）之间是否存在自相关以及自相关的修正，同时也通过这个实例来学习一下 EViews 的使用。数据选取时间是 1993 年 1 月 4 日至 1999 年 12 月 31 日。

一、导入数据

首先，建立工作文件（后缀名为 wfl）并导入数据。在 EViews 软件菜单中依次选择“File”—“New”—“Workfile”，选择“Daily－5day week”在“Start date”和

“End date” 框中分别输入 “1/01/1993” 和 “12/31/1999”，如图 5-13 所示，单击鼠标左键选择 “OK”。

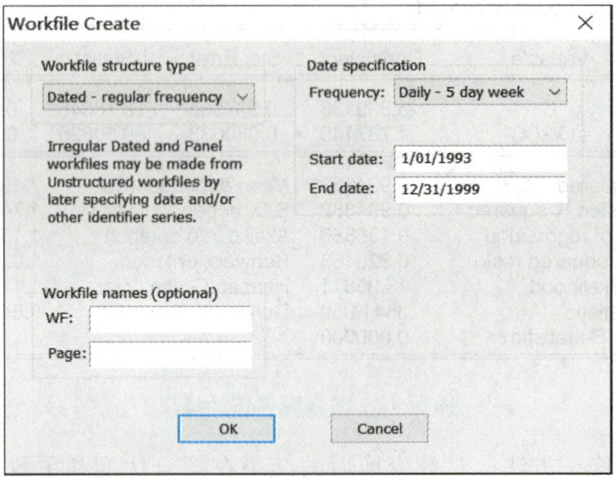

图 5-13　数据导入

依次选择 “File” — “Import” — “Import from file”，然后选择文件名为 EX5. 2.xls 的数据文件，再单击鼠标左键选择 “OK” 完成数据导入，如图 5-14 所示。

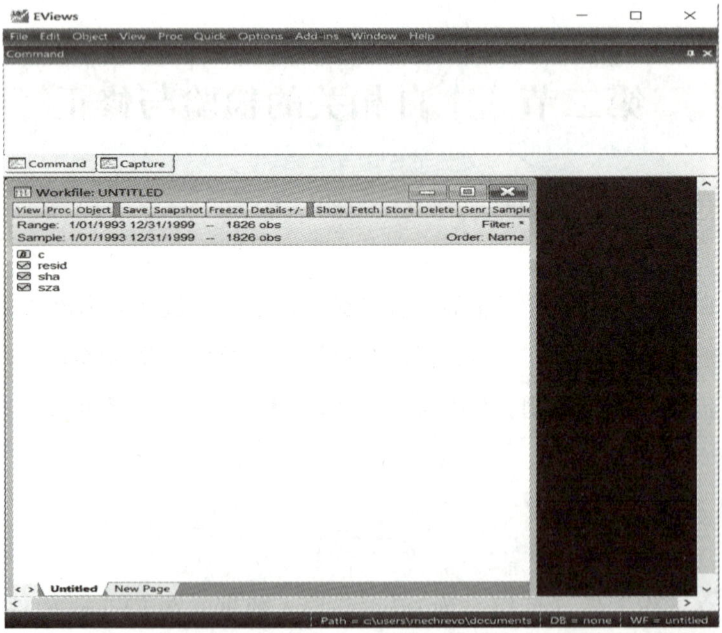

图 5-14　数据录入

二、回归数据估计方程

设模型为 $Y=\beta 1+\beta 2X+\mu$，即 SHA = $C+\beta$SHZ，运用 EViews 软件得到估计结果，如图 5-15 所示。

Dependent Variable: SHA
Method: Least Squares
Date: 03/14/22 Time: 12:48
Sample: 1/01/1993 12/31/1999
Included observations: 1826

Variable	Coefficient	Std. Error	t-Statistic	Prob.
C	286.0973	5.810636	49.23684	0.0000
SZA	2.501835	0.017941	139.4478	0.0000

R-squared	0.914244	Mean dependent var	1031.629
Adjusted R-squared	0.914197	S.D. dependent var	332.0354
S.E. of regression	97.26020	Akaike info criterion	11.99375
Sum squared resid	17254211	Schwarz criterion	11.99979
Log likelihood	-10948.30	Hannan-Quinn criter.	11.99598
F-statistic	19445.70	Durbin-Watson stat	0.042849
Prob(F-statistic)	0.000000		

图 5-15　回归结果

EViews 的回归结果自带 DW 检验的值（其中 $0 \leqslant DW \leqslant 4$），通过观察 DW 值可以很快对是否存在自相关性进行一个初步的判断。

DW 检验的结果表明模型存在严重的正相关性；DW 值越接近 0，存在正相关的可能性越大；DW 值越接近 4，存在负相关的可能性越大；DW 值越接近 2，不存在自相关性的可能性越大。

需要注意的是：DW 检验只对一阶自相关有效，对高阶自相关无效，判断是否存在更高阶段的自相关通常可通过 LM 检验实现，具体操作如下：在 "Equation" 界面选择 "View" 后选择 "Residual Diagnostics" 再选择 "LM" 检验，如图 5-16 所示。

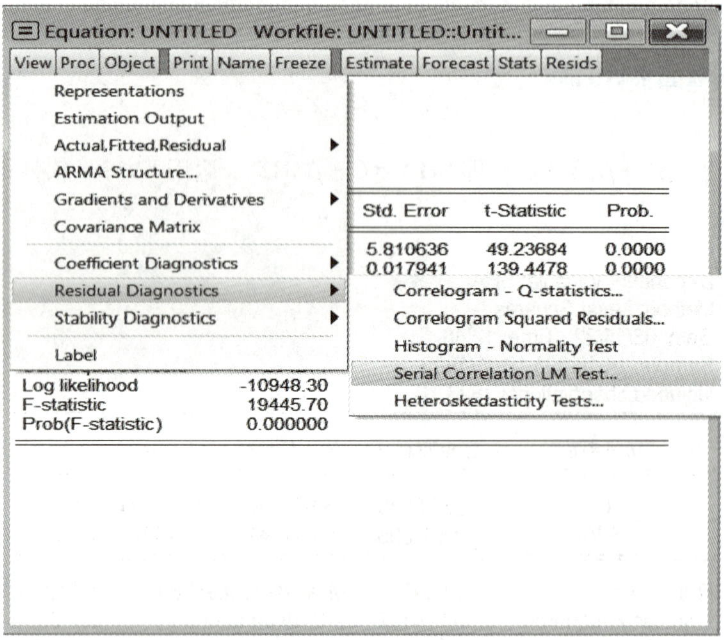

图 5-16 LM 检验

选择滞后项为 1，单击鼠标左键选择“OK”后得到如图 5-17 所示结果。

Breusch-Godfrey Serial Correlation LM Test:

F-statistic	40509.35	Prob. F(1,1823)	0.0000
Obs*R-squared	1747.365	Prob. Chi-Square(1)	0.0000

Test Equation:
Dependent Variable: RESID
Method: Least Squares
Date: 03/14/22 Time: 13:15
Sample: 1/01/1993 12/31/1999
Included observations: 1826
Presample missing value lagged residuals set to zero.

Variable	Coefficient	Std. Error	t-Statistic	Prob.
C	-0.147962	1.206146	-0.122673	0.9024
SZA	0.000650	0.003724	0.174572	0.8614
RESID(-1)	0.978438	0.004861	201.2693	0.0000

R-squared	0.956936	Mean dependent var	3.04E-13
Adjusted R-squared	0.956889	S.D. dependent var	97.23355
S.E. of regression	20.18884	Akaike info criterion	8.849779
Sum squared resid	743035.2	Schwarz criterion	8.858831
Log likelihood	-8076.848	Hannan-Quinn criter.	8.853118
F-statistic	20254.68	Durbin-Watson stat	2.158834
Prob(F-statistic)	0.000000		

图 5-17 LM 一阶检验结果

观察 P 值，上方的 P 值若小于 0.05 即说明存在自相关，大于 0.05 则不存在自相关，下方的 P 值在第几阶显著则说明是几阶自相关，这里我们在一阶即为显著，则存在一阶自相关，为了更好地理解，我们再选择滞后项为 3，进行 LM 检验，观察其结果如图 5-18 所示。

Breusch-Godfrey Serial Correlation LM Test:

F-statistic	13617.12	Prob. F(3,1821)	0.0000
Obs*R-squared	1748.077	Prob. Chi-Square(3)	0.0000

Test Equation:
Dependent Variable: RESID
Method: Least Squares
Date: 03/14/22 Time: 13:20
Sample: 1/01/1993 12/31/1999
Included observations: 1826
Presample missing value lagged residuals set to zero.

Variable	Coefficient	Std. Error	t-Statistic	Prob.
C	-0.178069	1.201365	-0.148223	0.8822
SZA	0.000771	0.003709	0.207909	0.8353
RESID(-1)	0.888161	0.023421	37.92107	0.0000
RESID(-2)	0.059778	0.031302	1.909739	0.0563
RESID(-3)	0.033128	0.023427	1.414108	0.1575

R-squared	0.957326	Mean dependent var	3.04E-13
Adjusted R-squared	0.957232	S.D. dependent var	97.23355
S.E. of regression	20.10825	Akaike info criterion	8.842872
Sum squared resid	736306.1	Schwarz criterion	8.857959
Log likelihood	-8068.542	Hannan-Quinn criter.	8.848437
F-statistic	10212.84	Durbin-Watson stat	1.977311
Prob(F-statistic)	0.000000		

图 5-18 LM 三阶检验结果

从图 5-18 中我们可以看出在一阶的时候 P 值显著，即存在一阶自相关。

三、序列相关的修正

通过上述的两种检验，可以确定此模型存在一阶滞后项（自相关），需要对现有模型进行修正（采用 GLS 法），具体操作如下：在“Equation”界面选择“Estimate”输入“sha c sza ar（1）”，如图 5-19 所示。

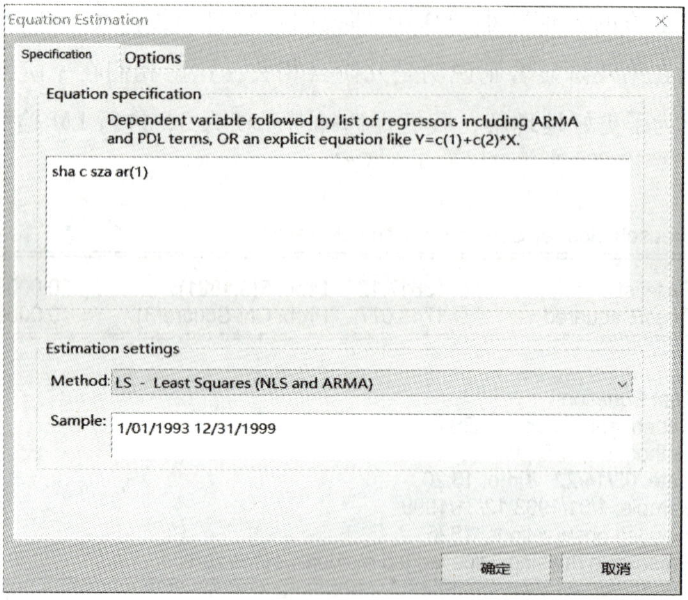

图 5-19　GLS 法操作步骤（1）

选择“Options”选项中的“GLS”，如图 5-20 所示，点击确定得到如图 5-21 所示的结果。

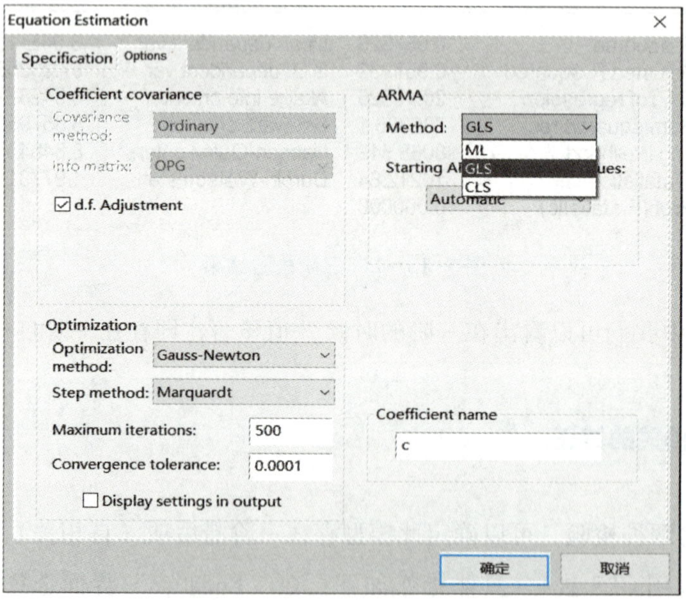

图 5-20　GLS 法操作步骤（2）

Dependent Variable: SHA
Method: ARMA Generalized Least Squares (Gauss-Newton)
Date: 03/14/22 Time: 14:18
Sample: 1/01/1993 12/31/1999
Included observations: 1826
Convergence achieved after 5 iterations
Coefficient covariance computed using outer product of gradients
d.f. adjustment for standard errors & covariance

Variable	Coefficient	Std. Error	t-Statistic	Prob.
C	294.9082	27.86463	10.58361	0.0000
SZA	2.470614	0.057169	43.21590	0.0000
AR(1)	0.979172	0.004820	203.1377	0.0000

R-squared	0.996363	Mean dependent var	1031.629
Adjusted R-squared	0.996359	S.D. dependent var	332.0354
S.E. of regression	20.03395	Akaike info criterion	8.836122
Sum squared resid	731677.7	Schwarz criterion	8.845174
Log likelihood	-8064.379	Hannan-Quinn criter.	8.839461
F-statistic	249739.0	Durbin-Watson stat	2.174552
Prob(F-statistic)	0.000000		

Inverted AR Roots	.98

图 5-21 GLS 修正结果

根据结果，我们的滞后项的显著性通过检验，DW 值趋近于 2，一定程度上已经消除了自相关。

最终修正后的模型为：SHA = 2.470 614SHZ + 294.908 2

第六章

多重共线性和虚拟变量的应用

第一节 金融数据的多重共线性处理

理论上，股票代表着对公司未来现金流的所有权，因此公司未来的收益以及利息是股票价格的决定因素。而宏观经济形势能够影响公司未来的收益，进而对股票价格产生影响。同时宏观经济形势也能够通过其他的一些渠道直接对股票价格产生影响。因此，在本书中，我们将以整个股票市场为研究对象，来考虑影响股票价格指数的宏观经济因素及其影响程度。我们将采取从一般到特别的建模方式，即首先在模型中包含尽可能多的变量，然后通过各种检验逐步剔除对因变量没有解释能力的变量。

首先，我们选择上证综指（以 Y 表示）作为股票价格指数的代表。之所以选择上证综指，是因为深圳证券市场股票价格指数与上海证券市场股票价格指数存在很强的相关性，同时上证综指具有广泛的代表性。对于影响股票价格指数的宏观经济因素，初步选定如下的 11 个宏观变量：居民消费物价指数（X_1）、商品零售物价指数（X_2）、企业商品价格指数（X_3）、工业增加值（X_4）、固定资产投资（X_5）、社会消费品零售总额（X_6）、股市成交量（X_7）、外汇市场交易量（X_8）、汇率（X_9）、货币供应量 M1（X_{10}）、进出口额（X_{11}）。其中前三个价格指数从不同侧面反映了我国的市场环境，而 X_4、X_5、X_6、X_{11} 则从不同侧面反映了整体经济状况，X_8、X_9、X_{10} 反映了我国金融环境的影响，股市成交量（X_7）从一个侧面反映了股市状况。我们采用的数据是从 2000 年 1 月至 2004 年 9 月的月度数据，对于价格指数变量以及汇率，我们以原变量形式进入模型，而对于其他变量，我们取其对数形式进入模型。在对数据调整后，我们建立如下的模型：

$$\ln Y_t = a_0 + a_1 X_{1t} + a_2 X_{2t} + a_3 X_{3t} + a_4 \ln X_{4t} + a_5 \ln X_{5t} + a_6 \ln X_{6t} + a_7 \ln X_{7t} + a_8 \ln X_{8t} + a_9 \ln X_{9t} + a_{10} \ln X_{10t} + a_{11} \ln X_{11t} + \mu_t \quad \text{（式 6.1）}$$

利用普通最小二乘法回归方程，得到如下的结果：

$$\ln Y_t = 619.88 - 0.062X_{1t} + 0.006X_{2t} + 0.053X_{3t} + 0.078\ln X_{4t} + 0.067\ln X_{5t} -$$
$$(2.79)(-1.85^{*}) \quad (0.23) \quad (3.57^{*}) \quad (0.32) \quad (0.95)$$
$$0.357\ln X_{6t} + 0.06\ln X_{7t} - 0.001\ln X_{8t} - 72.596X_{9t} - 0.789\ln X_{10t} -$$
$$(-1.99^{*}) \quad (2.27^{*}) \quad (-0.01) \quad (-2.72^{*}) \quad (-2.49^{*})$$
$$0.186\ln X_{11t}$$
$$(-0.88)$$

其中，括号表示的是 t 值（下同），* 表示在 10%的显著性水平上显著，模型的 R^2 = 0.79，$\bar{R}^2$ =0.73。去掉不显著的变量，对模型重新回归得到：

$$\ln Y_t = 739.37 - 0.055X_{1t} + 0.05X_{3t} - 0.257\ln X_{6t} + 0.056\ln X_{7t} - 86.951X_{9t} -$$
$$(4.08)(-2.37) \quad (3.61) \quad (-1.95) \quad (2.24) \quad (-4.00)$$
$$0.91\ln X_{10t}$$
$$(-5.90)$$

在 10%的显著性水平下，变量系数估计值的 t 值都是显著的，模型的 R^2 = 0.78，$\bar{R}^2$ =0.75，总体上看模型是不错的。尽管估计值的 t 值是显著的，我们仍来检验该模型解释变量之间是否存在多重共线性，因为若两个变量之间高度相关并且符号相反，它们的作用就会相互抵消，从而有可能两个变量都是显著的。首先根据 R^2 和 t 值，我们无法发现多重共线性，因此我们将利用变量之间的相关系数来判断。在 EViews 软件中，要获得检验解释变量两两之间的相关系数矩阵是很容易的，我们只需在命令窗口中键入“COR”命令以及相应的解释变量。在此例中，我们只需键入：“COR X1 X3 X6 X7 X9 X10”，就会出现包含相关系数矩阵的窗口（如图 6-1 所示）。

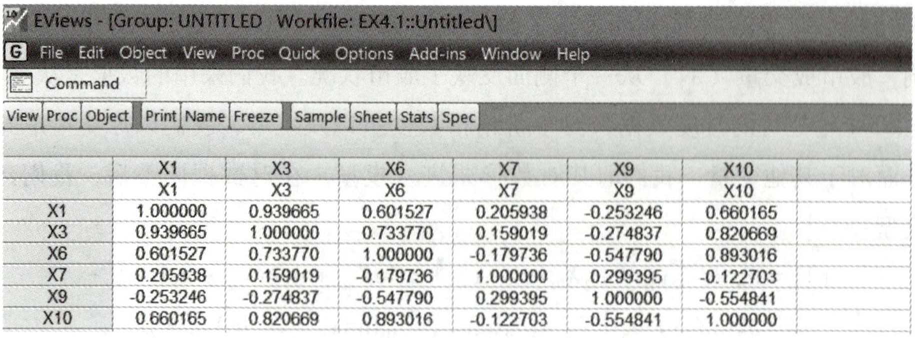

	X1	X3	X6	X7	X9	X10
	X1	X3	X6	X7	X9	X10
X1	1.000000	0.939665	0.601527	0.205938	-0.253246	0.660165
X3	0.939665	1.000000	0.733770	0.159019	-0.274837	0.820669
X6	0.601527	0.733770	1.000000	-0.179736	-0.547790	0.893016
X7	0.205938	0.159019	-0.179736	1.000000	0.299395	-0.122703
X9	-0.253246	-0.274837	-0.547790	0.299395	1.000000	-0.554841
X10	0.660165	0.820669	0.893016	-0.122703	-0.554841	1.000000

图 6-1 相关系数矩阵

可以看到，X_1 和 X_3 之间、X_6 和 X_{10} 之间的相关系数很高，因此可以认为它们之间分别存在共线性。为消除多重共线性，我们采取删除变量法。

首先，因为 X_1、X_3 在回归方程中的系数相反，且两者高度相关，因此我们首先考虑删除两者中的一个。分别删除 X_1、X_3 再进行回归，得到如图 6-2 和图 6-3 所示的结果。

Variable	Coefficient	Std. Error	t-Statistic	Prob.
C	472.0269	143.6294	3.286423	0.0018
X10	-1.27E-05	1.90E-06	-6.696440	0.0000
X3	0.026686	0.004903	5.442337	0.0000
X6	-6.29E-05	3.56E-05	-1.769266	0.0828
X7	2.61E-05	1.16E-05	2.249182	0.0288
X9	-56.33654	17.36381	-3.244480	0.0021

R-squared	0.786398	Mean dependent var	7.419631
Adjusted R-squared	0.765456	S.D. dependent var	0.142989
S.E. of regression	0.069249	Akaike info criterion	-2.402914
Sum squared resid	0.244567	Schwarz criterion	-2.187856
Log likelihood	74.48306	Hannan-Quinn criter.	-2.319335
F-statistic	37.55233	Durbin-Watson stat	0.822376
Prob(F-statistic)	0.000000		

图 6-2　删除 X_1 后的回归结果

Variable	Coefficient	Std. Error	t-Statistic	Prob.
C	286.5594	152.3014	1.881528	0.0656
X1	0.033172	0.008677	3.823161	0.0004
X6	-5.66E-05	3.94E-05	-1.437626	0.1566
X7	3.43E-05	1.26E-05	2.711440	0.0091
X9	-34.04378	18.40539	-1.849663	0.0702
X10	-8.82E-06	1.78E-06	-4.942635	0.0000

R-squared	0.737560	Mean dependent var	7.419631
Adjusted R-squared	0.711831	S.D. dependent var	0.142989
S.E. of regression	0.076758	Akaike info criterion	-2.197008
Sum squared resid	0.300484	Schwarz criterion	-1.981950
Log likelihood	68.61472	Hannan-Quinn criter.	-2.113429
F-statistic	28.66605	Durbin-Watson stat	0.656004
Prob(F-statistic)	0.000000		

图 6-3　删除 X_3 后的回归结果

可以看到，删除 X_3 比 X_1 对回归方程拟合优度造成的下降要大，同时，删除 X_3 会使有些解释变量变得不显著，因此，我们将保留 X_3 而删除 X_1。

再考虑 X_6 和 X_{10}，分别删除 X_6、X_{10} 后进行回归，得到如图 6-4 和图 6-5 所示的结果。

Variable	Coefficient	Std. Error	t-Statistic	Prob.
C	629.3290	159.2162	3.952669	0.0002
X1	-0.052397	0.021421	-2.446049	0.0179
X7	2.77E-05	1.12E-05	2.474653	0.0167
X3	0.056304	0.013407	4.199540	0.0001
X9	-75.04685	19.18686	-3.911368	0.0003
X10	-1.82E-05	2.05E-06	-8.869136	0.0000

R-squared	0.797092	Mean dependent var	7.419631
Adjusted R-squared	0.777199	S.D. dependent var	0.142989
S.E. of regression	0.067493	Akaike info criterion	-2.454276
Sum squared resid	0.232323	Schwarz criterion	-2.239218
Log likelihood	75.94686	Hannan-Quinn criter.	-2.370697
F-statistic	40.06904	Durbin-Watson stat	0.975677
Prob(F-statistic)	0.000000		

图 6-4　删除 X_6 后的回归结果

可以看到，删除 X_{10} 比删除 X_6 对模型造成的拟合优度的下降程度要大（删除 X_{10}的回归结果如图 6-5 所示），并且删除 X_{10} 会导致大部分解释变量不显著，因此，我们将保留 X_{10} 而删除 X_6。因此，最后得到的模型是：

$$\ln Y_t = 463.39 + 0.018X_{3t} + 0.066\ln X_{7t} - 54.252X_{9t} - 0.830\ln X_{10t} \quad (式 6.2)$$

我们之所以在原回归方程系数估计值都显著的情况下仍进行多重共线性检验，并删除一些变量，是因为在金融计量学中，在保证模型一定解释能力的情况下，尽可能地使模型简洁，是我们应该始终坚持的一个原则。在这个例子中，我们仅考虑了对模型解释变量的多重共线性检验，而在实际建模以及估计过程中，还应该考虑模型的自相关性、异方差等的检验。

Variable	Coefficient	Std. Error	t-Statistic	Prob.
C	73.42987	186.4978	0.393730	0.6954
X1	0.037897	0.023361	1.622247	0.1109
X3	-0.011506	0.012409	-0.927221	0.3582
X7	3.68E-05	1.54E-05	2.392416	0.0205
X9	-8.231636	22.49582	-0.365918	0.7159
X6	-0.000177	4.18E-05	-4.233654	0.0001

R-squared	0.618283	Mean dependent var	7.419631
Adjusted R-squared	0.580860	S.D. dependent var	0.142989
S.E. of regression	0.092572	Akaike info criterion	-1.822350
Sum squared resid	0.437052	Schwarz criterion	-1.607292
Log likelihood	57.93698	Hannan-Quinn criter.	-1.738771
F-statistic	16.52137	Durbin-Watson stat	0.510756
Prob(F-statistic)	0.000000		

图 6-5 删除 X_{10} 后的回归结果

第二节 回归模型的结构稳定性检验——邹氏检验

在金融模型中，各变量相互之间的关系有时会因某些外部冲击或自身性质的改变而发生结构性的变化。如果我们忽视了这一变化，仍然同时利用变化前后的数据进行回归分析，则模型的精准度就会大大降低，利用模型所做的估计、推断与预测也有可能得出结论。因此，对回归模型进行结构稳定性检验是必要的，而邹氏检验（Chow's test）即检验模型结构稳定性的一种较为简单的方法。下面我们将详细介绍邹氏检验的过程。

一、邹氏检验的过程

邹氏检验所依据的理论前提包括：在可能发生的结构变化前后，随机误差项具有相同的方差；随机误差项满足独立正态分布。在这些假定下，可按如下的步骤进行邹氏检验。

（1）将数据以可能发生结构变化的点为界分为两部分。分别利用全部数据、两分样本对模型进行回归，并获得三次回归的残差平方和。

（2）此时，对全部数据进行回归得到的模型是一个受约束的模型（假定模型在整段数据中不发生结构性变化，即假定系数估计值在整个样本期间是稳定的），而对两分段数据的回归则是不受约束的模型（利用两个分样本分别得到的系数估计值可以是不同的），因此对整段数据回归得到的残差平方和大于对两分样本进行回归得到的残差平方和之和，可建立如下的 F 检验：

$$F = \frac{[\mathrm{RSS} - (\mathrm{RSS}_1 + \mathrm{RSS}_2)]/K}{(\mathrm{RSS}_1 + \mathrm{RSS}_2)/(T - 2K)}$$

它服从 $F(K, T-2K)$，其中，RSS 表示对全部数据回归的残差平方和，RSS_1、RSS_2 表示对两分样本进行回归得到的残差平方和，T 为样本数，K 为所估计参数的个数（单个方程）。需要注意的是，分母的自由度之所以为 $T-2K$，是因为无约束方程分为两段，总共有 $2K$ 个参数。

（3）查表求得在一定显著性水平下的 F 临界值。如果第二步计算出的 F 值大于临界 F 值，则拒绝模型结构稳定性假设；如果小于临界 F 值，则不能拒绝模型结构稳定性假设。

以上就是邹氏检验的过程，但在应用邹氏检验的过程中应注意以下几点：

第一，必须满足前提假设条件。

第二，邹氏检验仅仅告诉我们模型结构是否稳定，而不能告诉我们如果结构不稳定，到底是截距还是斜率抑或两者都发生了变化，在下一节中我们将引入虚拟变量来解决这个问题。

第三，邹氏检验需要知道结构可能发生的时间点，如果不知道，则需要使用其他方法。

二、在 EViews 软件中如何进行邹氏检验

上面所述邹氏检验的步骤看起来很复杂，但在 EViews 软件中，实际上可以方便地

进行邹氏检验，一切的计算都由软件自动完成。下面我们通过一个例子说明如何在 EViews 中进行邹氏检验。

我们知道，货币政策往往根据宏观经济形势的变化而发生变化，这就会导致货币供应量等货币政策的中间目标可能在某个时间点发生结构性变化。例如，以我国为例，1995—1997 年货币政策的主要目标是抑制通货膨胀。而 1998 年后由于亚洲金融危机的冲击等，我国反而出现了通货紧缩，这时的货币政策也转变为“稳健的货币政策”，主要目标变为防止通货紧缩，刺激经济增长，因此货币供应量的增长在 1998 年可能会发生结构性的变化。为检验上述猜想，我们利用 1995 年第一季度到 2004 年第二季度的季度数据，以 M2 代表货币供应量，通过对 GDP 进行回归（因 GDP 增长相对稳定），并选定 1998 年第二季度为可能发生结构变化的转折点来进行邹氏检验，具体步骤如下。

（1）在 EViews 中对下面模型回归。

$$Y_t = \alpha + \beta X_t + \mu_t$$

其中，Y_t、X_t 分别表示广义货币供应量 M2 和 GDP。

数据调入后，选择“Quick”—“Estimate Equation”，出现如图 6-6 所示的菜单，在“Equation specification”中输入方程“y c x”，在 sample（样本期）中选择“1995q1 2004q2”（该处为默认值），点击右上角“OK”，出现如图 6-7 所示的结果。

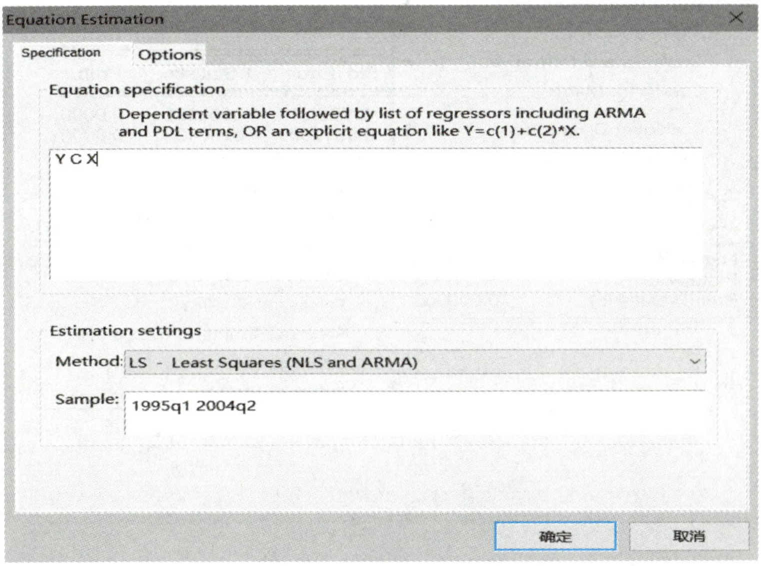

图 6-6　回归方程设定

Dependent Variable: Y
Method: Least Squares
Date: 01/24/22 Time: 20:37
Sample: 1995Q1 2004Q2
Included observations: 38

Variable	Coefficient	Std. Error	t-Statistic	Prob.
C	-89120.50	11733.51	-7.595385	0.0000
X	9.668956	0.491700	19.66436	0.0000

R-squared	0.914831	Mean dependent var	134656.1
Adjusted R-squared	0.912465	S.D. dependent var	59572.65
S.E. of regression	17625.38	Akaike info criterion	22.44326
Sum squared resid	1.12E+10	Schwarz criterion	22.52945
Log likelihood	-424.4220	Hannan-Quinn criter.	22.47393
F-statistic	386.6869	Durbin-Watson stat	2.044825
Prob(F-statistic)	0.000000		

图 6-7 回归结果

（2）点击“View”—“Stability tests”—“Chow Breakpoint Test”（如图 6-8 所示），将会弹出一个窗口。

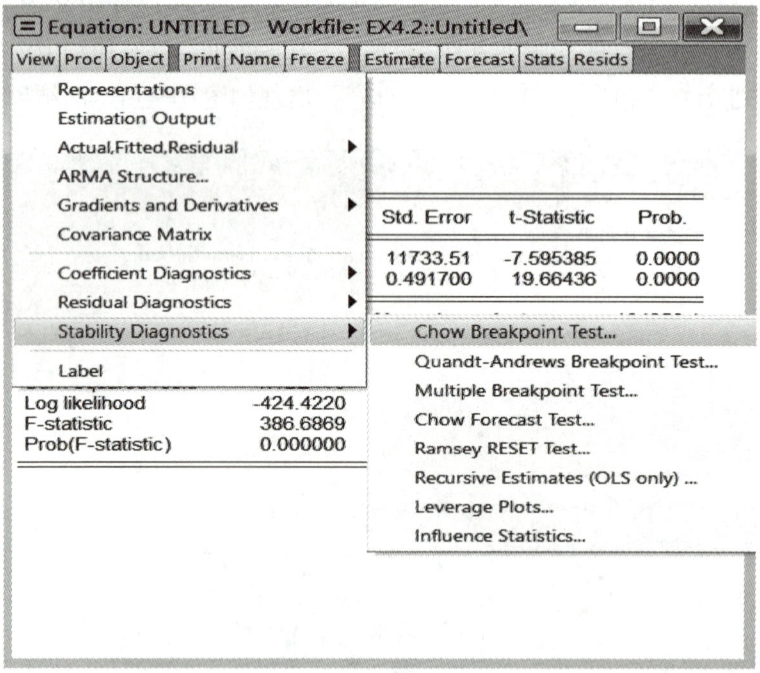

图 6-8 选择邹氏检验

（3）在弹出的窗口中输入预先确定的结构变化的转折点“1998：2”，点击“OK”（如图 6-9 所示），则出现如图 6-10 所示的结果。

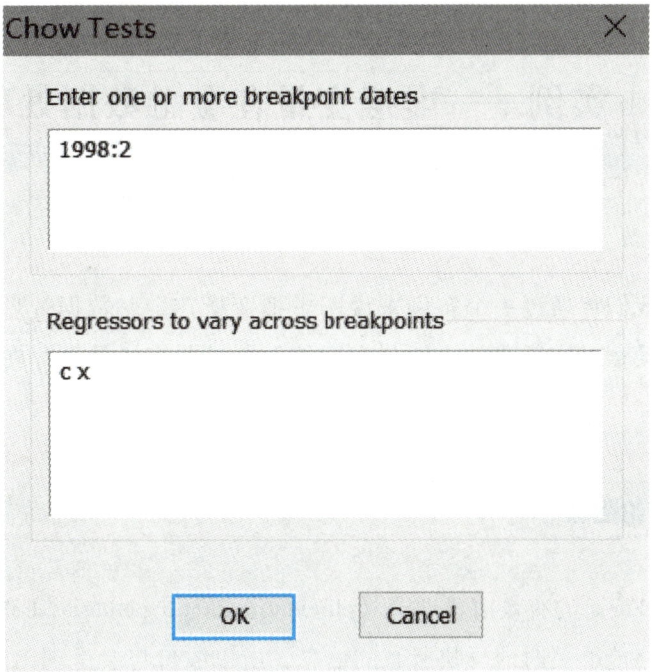

图 6-9　确定邹氏检验转折点

Chow Breakpoint Test: 1998Q2
Null Hypothesis: No breaks at specified breakpoints
Varying regressors: All equation variables
Equation Sample: 1995Q1 2004Q2

F-statistic	56.12474	Prob. F(2,34)	0.0000
Log likelihood ratio	55.44023	Prob. Chi-Square(2)	0.0000
Wald Statistic	112.2495	Prob. Chi-Square(2)	0.0000

图 6-10　邹氏检验结果

EViews 已经自动计算出 F 统计量的值为 56. 12，p 值为 0. 000 0，因此，拒绝模型结构稳定的原假设，说明 1998 年第二季度货币供应量的增长的确发生了结构变化。

第三节 实例——虚拟变量在金融数据处理中的作用

在本节中，我们将通过一个实例来说明虚拟变量在金融数据处理中的作用，我们将利用虚拟变量模型对实行涨跌停板制度后的上海股票市场是否存在周内效应进行实证检验。

一、简单理论回顾

根据 Eugene Fama 的有效市场理论（efficient market hypothesis，EMH），在有效市场中，因为股票价格能够及时地反映所有的信息，所以股价将会呈现出随机波动的特征。并且，在有效市场中，因为投资者能够随时获取所需要的信息，所以将不存在套利的机会，股票的价格将反映其价值。按照有效市场理论，一周内每天的收益率将是随机波动、没有规律的。如果假设某天的收益率比其他各天的收益率高或者低，由于投资者可随时掌握所需要的信息，并且做出理性的选择，因此他们将充分利用这个套利机会来获取超额收益率。而随着套利过程的进行，超额收益率也会逐渐减少直至消失，从而每天的收益率又将会呈现无规律的波动。

自 Fama 于 1965 年提出有效市场概念以来，各国学者分别利用各国的证券市场数据对其进行了实证检验，结果发现许多与有效市场理论相背离的现象，周内效应就是其中之一。许多学者的实证研究工作表明，在美国股票市场中，一周中的平均收益率在星期一显著为负，在星期五显著为正。同时，对欧洲国家、日本以及一些新兴市场国家股票市场的研究也发现存在类似的现象。在我国，许多学者也利用上海股票市场、深圳股票市场的数据对周内效应进行了检验，检验结果大多表明存在周内效应。下面我们将利用虚拟变量模型对这一现象进行实证检验。

二、实证检验

（一）数据描述

我们利用的是上海股票市场上证指数 1997 年 1 月 1 日—2004 年 12 月 31 日的日收盘价数据，共 1 926 个观测值。之所以采用 1997 年以来的日数据，是因为 1996 年 12 月 16 日股票市场实施了涨跌停板制度，而上证指数也具有广泛的代表性。收益率的计算我们采用的是连续收益率法，计算公式如下：

$$R_t = \ln P_t - \ln P_{t-1}$$

其中，P_t 为 t 时期的收盘价，P_{t-1} 为 $t-1$ 时期的收盘价。

表 6-1 和图 6-11 分别描述了上证指数 1997 年 1 月 1 日—2004 年 12 月 31 日的收益率的统计特征以及日收益率按时间排列的线性图。

表 6-1　上证指数日收益率统计特征描述

均值	0. 000 166	中位数	0. 000 209
最大值	0. 094 010	最小值	-0. 093 350
标准差	0. 015 415	偏度	-0. 039 554
峰度	8. 998 717	Jarque - Bera 值	2 886. 767

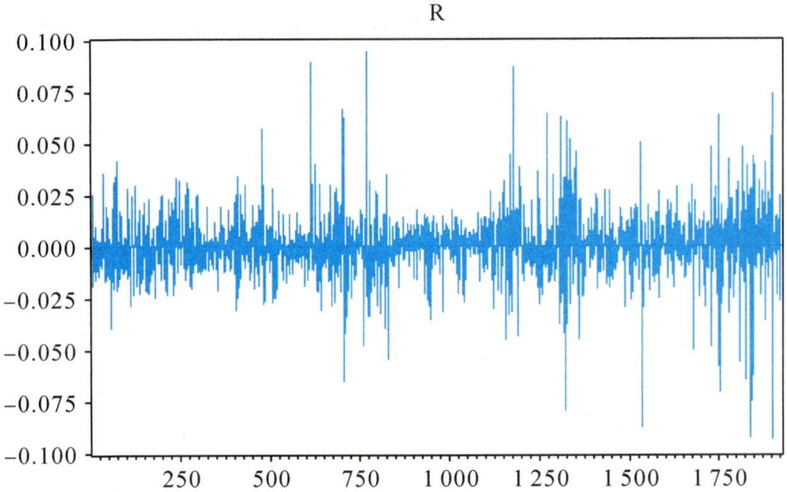

图 6-11　上证指数日收益率线形图

（二）实证检验

我们建立如下的虚拟变量模型：

$$R_t = \alpha_0 + \alpha_1 D_{1t} + \alpha_2 D_{2t} + \alpha_3 D_{4t} + \alpha_4 D_{5t} + \varepsilon_t \qquad (式 6.11)$$

其中，R_t 表示 t 时刻的收益率，虚拟变量 D_{it}（$i = 1, 2, 4, 5$）的取值在每周的第 i 天（一周五天）取值为1，其余时刻取值为0。从模型可以看到，α_0 表示的是周三的平均收益，而 α_1、α_2、α_3、α_4 分别表示的是星期一、星期二、星期四、星期五与星期三平均收益的差异。若差异是显著的，则可以表明上海股票市场存在周内效应。

使用 EViews 软件对上述模型进行 OLS 回归，得到如下结果（括号内为相应的 t 值）：

$$\underset{(1.41)}{R_t = 0.001\,107} - \underset{(-1.35)}{0.001\,495D_{1t}} - \underset{(-0.72)}{0.000\,793D_{2t}} - \underset{(-1.78)}{0.001\,982D_{4t}} - \underset{(-0.40)}{0.000\,445D_{5t}}$$

对模型各系数估计值进行联合 F 检验，看各系数值是否同时为零，结果得到 F 值为 1.03，其概率值为 0.39，因此不能拒绝各系数值同时为零的假设，则可以得出结论，上海股票市场不存在周内效应。

实际上，这个模型是相当粗糙的，因此得出的结论也可能不具有代表性。在使用最小二乘法进行回归时，我们假定随机误差项满足同方差的假定，但大量的研究表明，金融数据中这一假定往往不能得到满足。更深入的研究涉及自回归条件异方差模型（ARCH）以及扩展的自回归条件异方差模型（GARCH），我们将在后面的章节中予以介绍，有兴趣的同学届时也可以重新对上海股票市场的周内效应进行检验。

第七章

时间序列数据的平稳性检验

第一节　对我国货币政策传导机制信贷渠道的实证检验

货币政策传导机制是指中央银行在确定货币政策最终目标后，从操作政策工具到实现最终目标之间，所经过的各个中介环节相互之间的有机联系及因果关系的总和。基于理论假设的不同，以及观察和强调的重点不同，西方经济学理论中产生了众多的货币政策传输渠道理论，信贷渠道是其中较有影响力的一种。货币政策传导的信贷市场途径，是指货币政策以信贷市场为依托，通过对信贷规模的影响作用与微观经济主体的消费和投资，进而影响社会总需求。相关的理论包括信用可得性理论和资产负债表理论。

一、信用可得性理论

该理论认为，居民、企业的消费与投资行为不仅受制于利率的高低，而且受到现金流入和信贷可得性的限制。金融机构对于信贷供给的态度会直接影响借款人可能利用的信贷总量。中央银行通过货币政策工具（公开市场购买、降低存款准备金率、降低贴现率等）增加货币供应量时，会使金融机构的可贷资金增多，金融机构会增加贷款，同时央行货币政策的指示器效应也会鼓励金融机构增加贷款。这样借款人能够得到的金融机构贷款就会增加，从而投资和消费就会增加，进而影响国民收入和物价水平。可表示为

货币供应量↑→贷款↑→投资和消费↑→有效需求↑→国民收入和物价水平变化

二、资产负债表理论

该理论由 Bernanke 和 Gertler 于 1995 年提出。根据该理论，货币政策可通过影响借款人的资产负债表状况间接地影响贷款人的贷款意愿和借款人的借款意愿，引起信贷规模的变动，进而影响消费、投资和产出。具体传导机制有以下三个渠道：

（1）净资产渠道。货币供应量的增加会提高企业的股票价格，这意味着企业的净资产增加，资产负债状况得到改善，逆向选择和道德风险下降，从而会刺激贷款的增加，进而影响消费、投资和产出。

（2）现金流渠道。货币供应量的增加和利率的下降，使得企业利息支出减少、现金流增加，企业的资产负债状况得到改善，逆向选择和道德风险下降，从而会刺激贷款的增加，进而影响消费、投资和产出。

（3）未预期价格渠道。若货币供应量的增加引起未预期的价格上涨，按照凯恩斯学派的观点，此时企业有利可图，利润会增加，因而资产负债状况得到改善，逆向选择和道德风险会下降，从而会刺激贷款的增加，进而影响消费、投资和产出。

下面我们利用我国的数据对信贷渠道进行实证分析，来看变量之间是否存在长期稳定的关系，即协整关系。我们以货币供应量 M1 和 M2 作为货币政策的起始变量，以金融机构贷款金额（DEBT）表示信贷量，以其作为中间变量，以 GDP 和零售物价指数（CPI）作为货币政策的效果变量。样本数据采用 1994 年第一季度到 2004 年第二季度的季度数据，零售物价指数以 1994 年第一季度（3 月份）为 100，根据零售物价同期比指数（与上年同期物价相比）和环比指数计算求得。M1 和 M2 以及金融机构信贷余额为季度末累计数据，同时利用 $X-11$ 技术对 GDP 进行了季度调整。所有的名义变量均除以该季度物价指数以得到实际变量。各组数据取对数以消除异方差的影响。

首先，我们对变量进行平稳性检验。以变量 DEBT 为例，在 EViews 中进行平稳性检验有两种方法。方法一，“View”—“Unit Root Test”。方法二，点击菜单中的“Quick”—“Series Statistic”—“Unit Root Test”，会弹出如图 7-1 所示的窗口，我们选择 ADF 检验，对变量的水平值进行平稳性检验，并根据数据图形，选择包含常数项，我们选择一个较大的滞后值，由于是季度数据，我们选择滞后值为 8，然后点击“OK”，得到如图 7-2 所示的结果。

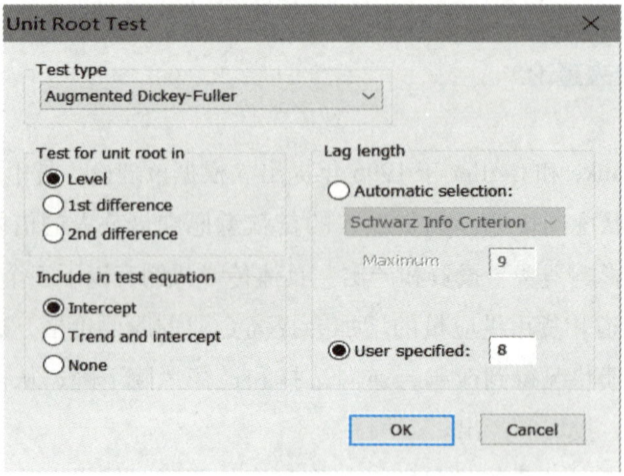

图 7-1 单位根检验形式设定

Null Hypothesis: DEBT has a unit root
Exogenous: Constant
Lag Length: 8 (Fixed)

		t-Statistic	Prob.*
Augmented Dickey-Fuller test statistic		0.494742	0.9840
Test critical values:	1% level	-3.646342	
	5% level	-2.954021	
	10% level	-2.615817	

*MacKinnon (1996) one-sided p-values.

Augmented Dickey-Fuller Test Equation
Dependent Variable: D(DEBT)
Method: Least Squares
Date: 01/25/22 Time: 22:56
Sample (adjusted): 1996Q2 2004Q2
Included observations: 33 after adjustments

Variable	Coefficient	Std. Error	t-Statistic	Prob.
DEBT(-1)	0.018756	0.037912	0.494742	0.6255
D(DEBT(-1))	0.108634	0.301135	0.360749	0.7216
D(DEBT(-2))	0.122280	0.278298	0.439383	0.6645
D(DEBT(-3))	0.418923	0.322884	1.297440	0.2073
D(DEBT(-4))	-0.223383	0.318780	-0.700743	0.4905
D(DEBT(-5))	-0.665104	0.388617	-1.711463	0.1005
D(DEBT(-6))	-0.365983	0.411480	-0.889431	0.3830
D(DEBT(-7))	-0.598737	0.400034	-1.496714	0.1481
D(DEBT(-8))	0.369925	0.421302	0.878051	0.3890
C	4026.885	2444.949	1.647022	0.1132

R-squared	0.266012	Mean dependent var	3552.795
Adjusted R-squared	-0.021201	S.D. dependent var	4060.501
S.E. of regression	4103.319	Akaike info criterion	19.72203
Sum squared resid	3.87E+08	Schwarz criterion	20.17551
Log likelihood	-315.4134	Hannan-Quinn criter.	19.87461
F-statistic	0.926183	Durbin-Watson stat	1.795235
Prob(F-statistic)	0.521106		

图 7-2 单位根检验结果

可以看到，我们不能拒绝存在单位根的零假设，但这并不是最终结果，我们需要不断实验滞后项，然后将最优滞后项对应的结果作为最终的结果。如果变量水平值是不平稳的，我们就要对它的一阶差分进行平稳性检验（在图 7-3 左下方选择一阶差分），图 7-4 是我们得到的最终结果。

从表 7-1 可以看出，所有变量的原始值，都不能拒绝存在单位根的原假设，因此都是非平稳的。而变量的一阶差分在 5%的显著性水平上都是平稳的，因此可以认为所有的变量都是 $I(1)$ 过程。

表 7-1 变量单位根检验结果（样本区间：1994 年第一季度—2004 年第二季度数据）

序列	ADF 检测值	1%临界值	5%临界值
GDP	-2.36（C，T，3）	-4.22	-3.53
ΔGDP	-2.96（C，0，6）*	-3.64	-2.91
物价指数（CPI）	-0.54（0，0，4）	-2.62	-1.95
ΔCPI	-2.87（0，0，6）**	-2.63	-1.95
贷款余额（DEBT）	-1.35（C，0，5）	-3.62	-2.94
ΔDEBT	-3.49（C，0，4）*	-3.63	-2.95
M1	-3.21（C，T，4）	-4.22	-3.53
ΔM1	-3.16（C，0，5）*	-3.64	-2.95
M2	-2.10（C，0，7）	-3.64	-2.95
ΔM2	-2.16（0，0，3）*	-2.63	-1.95

注：* 和 ** 分别表示 5%、1%的显著性水平上拒绝单位根，第二列括号中三个字符分别表示单位根检验中包含截距、时间趋势项，以及包含的滞后阶数，前两项中 0 表示不含有截距项或时间趋势项。

为检验货币政策能否通过信贷市场途径达到货币政策目标（引起国民收入和物价水平的变化），还需要对信贷渠道变量进行协整检验，以检验它们之间是否存在长期稳定关系。以下是需要检验的变量组：

a.（M1，DEBT，CPI）；*b*.（M2，DEBT，CPI）；*c*.（M1，DEBT，GDP）；*d*.（M2，DEBT，GDP）

我们以 *a* 组为例说明如何进行协整检验。

打开变量组（M1，DEBT，CPI），点击“View”—“Cointegration Test”，会弹出如图 7-3 所示的窗口，由于大部分变量都具有明显的时间趋势，因此设定协整项和检验模型中均含有截距项。根据极大似然比检验，确定滞后阶为 4，不包括外生变量，点击“OK”，得到如图 7-4 所示的结果。

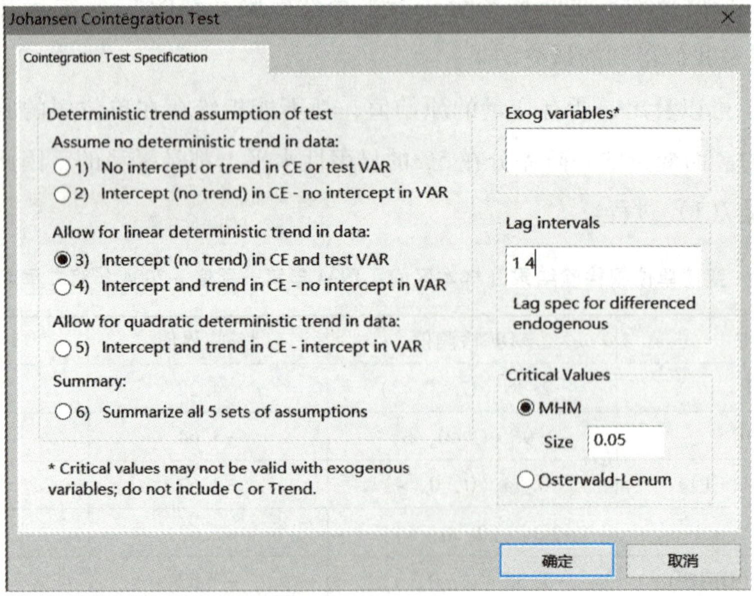

图 7-3　Johansen 协整检验形式设定

Date: 01/26/22　Time: 14:53
Sample (adjusted): 1995Q2 2004Q2
Included observations: 37 after adjustments
Trend assumption: Linear deterministic trend
Series: M1 CPI DEBT
Lags interval (in first differences): 1 to 4

Unrestricted Cointegration Rank Test (Trace)

Hypothesized No. of CE(s)	Eigenvalue	Trace Statistic	0.05 Critical Value	Prob.**
None	0.372945	27.55809	29.79707	0.0887
At most 1	0.240788	10.28942	15.49471	0.2591
At most 2	0.002615	0.096864	3.841466	0.7556

Trace test indicates no cointegration at the 0.05 level
* denotes rejection of the hypothesis at the 0.05 level
**MacKinnon-Haug-Michelis (1999) p-values

图 7-4　Johansen 协整检验结果

可以看到，在5%的显著性下，我们得到的结论是不存在协整关系的。其他组的检验结果如表7-2所示。

表7-2　其他变量组协整检验结果

变量组	特征值	J统计量	5%临界值	假设的协整方程数
（M1，DEBT，GDP）	0.34 0.26 0.05	28.50 13.11 1.88	29.68 15.41 3.76	None 至多一个 至多两个
（M2，DEBT，GDP）	0.44 0.23 0. .08	33.73 12.53 3.03	29.68 15.41 3.76	None* 至多一个 至多两个
（M1，DEBT，CPI）	0.38 0.22 0.004	27.16 9.37 0.16	29.68 15.41 3.76	None 至多一个 至多两个
（M1，DEBT，CPI）	0.43 0.27 0.13	37.66 17.09 5.20	29.68 15.41 3.76	None* 至多一个* 至多两个

注：*表示在5%的显著性水平下拒绝原假设。

从表7-2中可以看到，狭义货币M1与其他变量不存在协整关系，而广义货币M2则与其他变量存在协整关系，表明长期内不存在M1通过信贷市场途径影响GDP和物价水平的可能，但M2却存在这种可能。

第二节　金融数据的平稳性检验

下面我们借用EViews来分析一下上海证券市场A股成分指数（简称SHA）和深圳证券市场A股成分指数（简称SZA）之间的关系，同时也通过这个实例来回顾一下

EViews 的使用。数据选取时间是 1993 年 1 月 1 日—1999 年 12 月 31 日。由于在第三章中我们已经介绍了在 EViews 软件中如何输入数据，在此我们不再介绍，而是直接对输入的数据进行检验。

一、对数据进行平稳性检验

在“workfile”中选择要检验的变量，右击，选择“Open”，则此时可在弹出的窗口中对选中的变量进行检验。检验方法有以下几种：

第一，画折线图：“View”—“Line Graph”。

第二，画直方图：“View”—“Descriptive Statistic”—“Histogram and Stats”；注意到图中的 J. B. 统计量，其越趋向于零，则图越符合正态分布，也就说明数据越平稳。

第三，用 ADF 检验：方法一，“View”—“Unit Root Test”；方法二，点击菜单中的“Quick”—“Series Statistic”—“Unit Root Test”；分析原则即比较值的大小以及检验法则。

粗略观察发现数据并不平稳（如图 7-5 所示）。此时应对数据取对数（取对数的好处在于既可以将间距很大的数据转换为间距较小的数据，也便于后面取差分），再对新变量进行平稳性检验。点击 EViews 中的“Quick”—“Generate Series”键入“logsha=log（sha）”。此时，logsha 为一个新变量，对其进行平稳性检验方法如上，发现其也是不平稳的（如图 7-6 所示）。

用 ADF 方法检验 logsha 和 logsza 的平稳性。通过比较检验值和不同显著性下的临界值来得出结论。如图 7-7 和图 7-8 所示，前者是对 SHA 的检验结果，后者是对 SZA 的检验结果。若检验值大于临界值，则得出数据不平稳；反之则平稳。

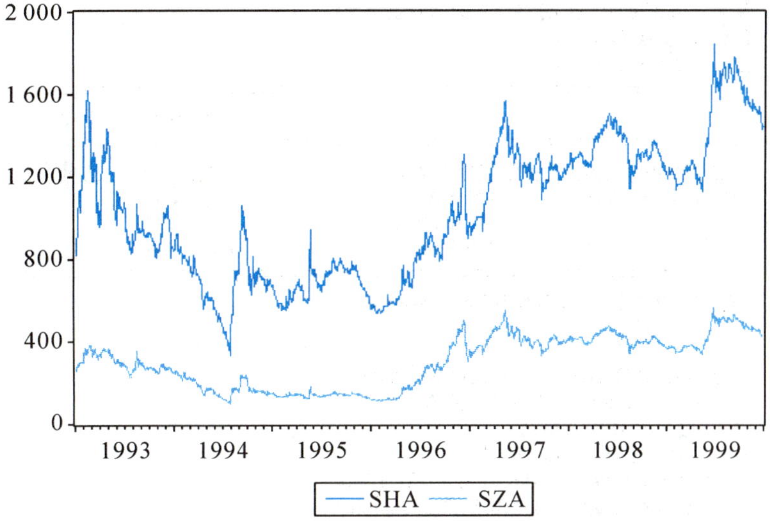

图 7-5　SHA 和 SZA 原始数值线形图

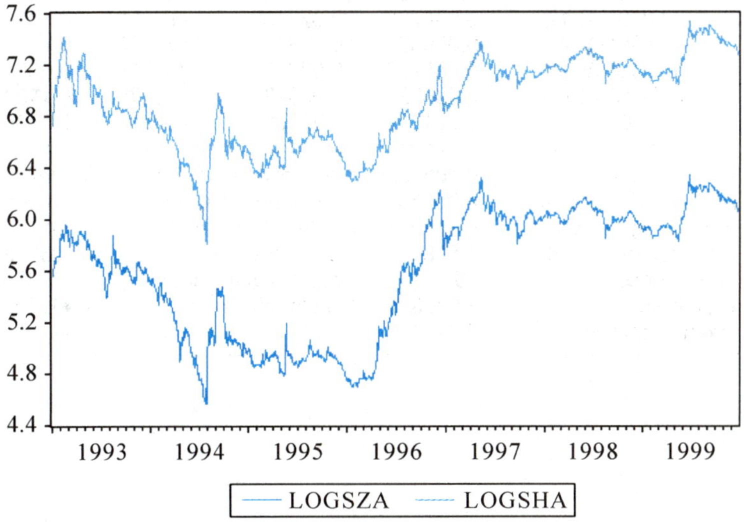

图 7-6　SHA 和 SZA 对数值线形图

Null Hypothesis: LOGSHA has a unit root
Exogenous: Constant
Lag Length: 4 (Fixed)

		t-Statistic	Prob.*
Augmented Dickey-Fuller test statistic		-1.795526	0.3831
Test critical values:	1% level	-3.433739	
	5% level	-2.862924	
	10% level	-2.567554	

*MacKinnon (1996) one-sided p-values.

Augmented Dickey-Fuller Test Equation
Dependent Variable: D(LOGSHA)
Method: Least Squares
Date: 01/26/22 Time: 01:10
Sample (adjusted): 1/08/1993 12/31/1999
Included observations: 1821 after adjustments

Variable	Coefficient	Std. Error	t-Statistic	Prob.
LOGSHA(-1)	-0.003583	0.001995	-1.795526	0.0727
D(LOGSHA(-1))	-0.034725	0.023459	-1.480261	0.1390
D(LOGSHA(-2))	0.020525	0.023427	0.876128	0.3811
D(LOGSHA(-3))	0.065236	0.023404	2.787354	0.0054
D(LOGSHA(-4))	0.034323	0.023421	1.465476	0.1430
C	0.024892	0.013751	1.810156	0.0704

R-squared	0.008123	Mean dependent var	0.000254
Adjusted R-squared	0.005391	S.D. dependent var	0.029001
S.E. of regression	0.028923	Akaike info criterion	-4.245075
Sum squared resid	1.518313	Schwarz criterion	-4.226929
Log likelihood	3871.140	Hannan-Quinn criter.	-4.238380
F-statistic	2.972845	Durbin-Watson stat	2.001003
Prob(F-statistic)	0.011179		

图 7-7 SHA 对数值的 ADF 检验结果

Null Hypothesis: LOGSZA has a unit root
Exogenous: Constant
Lag Length: 4 (Fixed)

		t-Statistic	Prob.*
Augmented Dickey-Fuller test statistic		-1.236119	0.6608
Test critical values:	1% level	-3.433739	
	5% level	-2.862924	
	10% level	-2.567554	

*MacKinnon (1996) one-sided p-values.

Augmented Dickey-Fuller Test Equation
Dependent Variable: D(LOGSZA)
Method: Least Squares
Date: 01/26/22 Time: 01:13
Sample (adjusted): 1/08/1993 12/31/1999
Included observations: 1821 after adjustments

Variable	Coefficient	Std. Error	t-Statistic	Prob.
LOGSZA(-1)	-0.001645	0.001331	-1.236119	0.2166
D(LOGSZA(-1))	-0.010639	0.023402	-0.454600	0.6495
D(LOGSZA(-2))	0.043671	0.023391	1.866982	0.0621
D(LOGSZA(-3))	0.033284	0.023393	1.422825	0.1550
D(LOGSZA(-4))	0.078284	0.023392	3.346659	0.0008
C	0.009404	0.007463	1.260037	0.2078

R-squared	0.009984	Mean dependent var	0.000252
Adjusted R-squared	0.007257	S.D. dependent var	0.027998
S.E. of regression	0.027897	Akaike info criterion	-4.317335
Sum squared resid	1.412468	Schwarz criterion	-4.299190
Log likelihood	3936.934	Hannan-Quinn criter.	-4.310641
F-statistic	3.660782	Durbin-Watson stat	2.001713
Prob(F-statistic)	0.002675		

图 7-8　SZA 对数值的 ADF 检验结果

二、协整检验

在前面我们已经介绍了如何在 EViews 中利用 Johansen 检验来确定变量间是否存在协整关系，因此在这里我们将只介绍如何在 EViews 中利用 AEG 检验确定变量间是否存在协整关系。

首先要提取残差：点击菜单中的“Quick”—“Estimate Equation”键入“logsha c

logsza”。接着在弹出的窗口中点击“Procs”—“ Make Residual Series ”来对残差 resid01 进行提取和保存。然后对残差进行 ADF 检验（方法同上），得到如图 7-9 所示的结果。你会发现数据通过了检验，残差 resid01 是平稳的。因此，logsha 同 logsza 有协整关系。

接下来以同样的方法协整 logsza c logsha，得到残差 resid02，经过检验也是平稳的（具体结果略）。

Null Hypothesis: RESID01 has a unit root
Exogenous: Constant
Lag Length: 4 (Fixed)

		t-Statistic	Prob.*
Augmented Dickey-Fuller test statistic		-4.132316	0.0009
Test critical values:	1% level	-3.433739	
	5% level	-2.862924	
	10% level	-2.567554	

*MacKinnon (1996) one-sided p-values.

Augmented Dickey-Fuller Test Equation
Dependent Variable: D(RESID01)
Method: Least Squares
Date: 01/26/22 Time: 01:32
Sample (adjusted): 1/08/1993 12/31/1999
Included observations: 1821 after adjustments

Variable	Coefficient	Std. Error	t-Statistic	Prob.
RESID01(-1)	-0.019808	0.004793	-4.132316	0.0000
D(RESID01(-1))	-0.089306	0.023497	-3.800810	0.0001
D(RESID01(-2))	-0.020115	0.023563	-0.853691	0.3934
D(RESID01(-3))	0.064304	0.023497	2.736735	0.0063
D(RESID01(-4))	0.022089	0.023396	0.944140	0.3452
C	9.14E-05	0.000476	0.192199	0.8476

R-squared	0.023020	Mean dependent var	8.71E-05
Adjusted R-squared	0.020329	S.D. dependent var	0.020512
S.E. of regression	0.020303	Akaike info criterion	-4.952841
Sum squared resid	0.748139	Schwarz criterion	-4.934695
Log likelihood	4515.561	Hannan-Quinn criter.	-4.946146
F-statistic	8.553192	Durbin-Watson stat	1.996742
Prob(F-statistic)	0.000000		

图 7-9 检验结果

三、因果检验

在“workfile”中同时选中“logsha”和“logsza”，右击，选择“Open”—“As Group”，在弹出的窗口中点击“View”—“Granger Causality”并选择滞后阶数（此处我们根据以往的实证检验结果选择滞后值为5），结果如图7-10所示。

Pairwise Granger Causality Tests
Date: 01/26/22 Time: 01:39
Sample: 1/01/1993 12/31/1999
Lags: 5

Null Hypothesis:	Obs	F-Statistic	Prob.
LOGSHA does not Granger Cause LOGSZA	1821	0.70399	0.6205
LOGSZA does not Granger Cause LOGSHA		3.60184	0.0030

图7-10 格兰杰因果检验结果

先看 F 检验值，如前所述，若 F 值大，则拒绝假设。在本例中即 logsza 是 logsha 变化的原因，而 logsha 不影响 logsza。同样的结论也可以从 Probability 中得到印证，如 0. 014 79<0. 05<0. 672 46。同时我们还会发现，随着滞后阶数的取值变大，logsha 和 logsza 是互为因果的。

四、误差纠正机制 ECM

即使两个变量之间有长期均衡关系，在短期内也会出现失衡（例如受突发事件的影响）。此时，我们可以用 ECM 来对这种短期失衡加以纠正。

具体做法是：首先要提取残差，接着点击“Quick”—“Estimate Equation”，在弹出的窗口中输入：“d(sha)c d(logsza)resid03(-1)”，“resid03”是从“sha c sza”中提取的残差。“resid03(-1)”中的“（-1）”指的是滞后一阶，误差修正模型结果如图7-11所示。

Resid03（-1）的系数为-0. 023 758，且通过了检验（4. 648 231>2），这表明 SHA 的实际值与长期或均衡值之间的差异约有 2. 375 8%得以纠正。从这里也可以看出 resid03（-1）的系数必须为负值。

从表面上看，深证 A 股对上证 A 股的影响要更大一些，上证 A 股对深证 A 股的依赖也更强一些，但总体来看两个市场的联系还是很紧密的。深证 A 股领先可能是因为深圳的地理位置，其与海外市场的联系更密切一些，还有一种可能是与样本时间段有关。因此，海外市场大市变化的信息能够最先传递和影响到深圳市场，经过一段时间，才蔓延到内陆地区。从整体上看，就形成了上证 A 股跟在深证 A 股后面变动的局面。而两个市场的投资者在投资理念等各方面都是类似的，总体对价格信息的表现也大同小异，因此两个市场相关度很高也就可以理解了。

Dependent Variable: D(SHA)
Method: Least Squares
Date: 01/27/22 Time: 00:03
Sample (adjusted): 1/04/1993 12/31/1999
Included observations: 1825 after adjustments

Variable	Coefficient	Std. Error	t-Statistic	Prob.
C	0.109030	0.468941	0.232503	0.8162
D(SZA)	2.462137	0.059863	41.12931	0.0000
RESID03(-1)	-0.021581	0.004824	-4.473995	0.0000

R-squared	0.484705	Mean dependent var	0.348548
Adjusted R-squared	0.484139	S.D. dependent var	27.89010
S.E. of regression	20.03164	Akaike info criterion	8.834145
Sum squared resid	731107.4	Schwarz criterion	8.843202
Log likelihood	-8058.157	Hannan-Quinn criter.	8.837486
F-statistic	856.9180	Durbin-Watson stat	2.172798
Prob(F-statistic)	0.000000		

图 7-11　误差修正模型结果

第八章

ARIMA 模型的概念和构造

第一节 实验目的及相关概念

一、实验目的

了解 AR、MA 以及 ARIMA 模型的特点，了解三者之间的区别和联系，以及 AR 与 MA 的转换，掌握如何利用自相关系数和偏自相关系数对 ARIMA 模型进行识别，如何利用最小二乘法等方法对 ARIMA 模型进行估计，如何利用信息准则对估计的 ARIMA 模型进行诊断，以及如何利用 ARIMA 模型进行预测。掌握在实证研究中如何运用 EViews 软件进行 ARIMA 模型的识别、诊断、估计和预测。

二、ARIMA 模型的概念

所谓 ARIMA 模型，是指将非平稳时间序列转化为平稳时间序列，然后将因变量仅对它的滞后值以及随机误差项的现值和滞后值进行回归所建立的模型。根据原序列是否平稳以及回归中所含部分的不同，ARIMA 模型包括移动平均过程（MA）、自回归过程（AR）、自回归移动平均过程（ARMA）以及 ARIMA 过程。

第二节 实验指导

一、导入数据并进行基础分析

在本例中我们使用 1996 年 1 月—2017 年 5 月的 M2 月度数据进行研究。

由图 8-1 可知，我们所导入的数据是非平稳的。

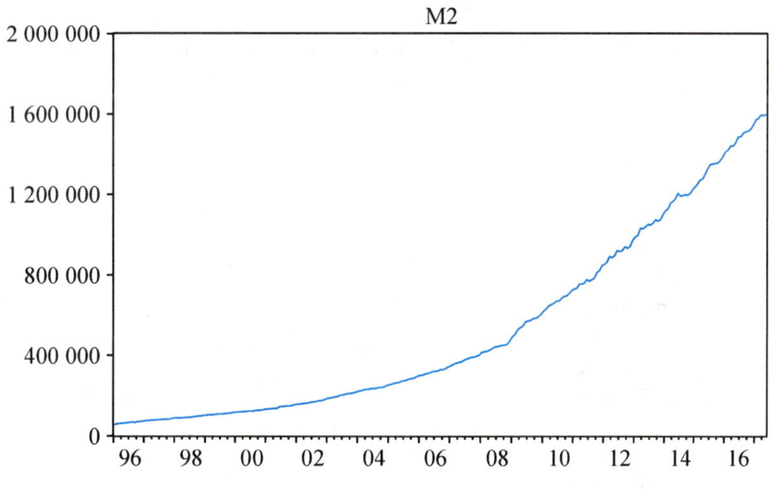

图 8-1 操作示意图（1）

二、模型识别

利用 ADF 检验确定其 d 值，由此判断 M2 序列为 2 阶非平稳过程，操作如下：

打开数据，选中 view 中的 “Unit Root Test…”，如图 8-2 所示。

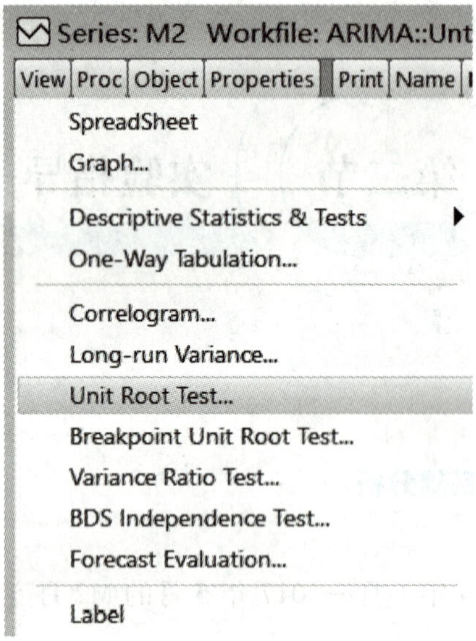

图 8-2 操作示意图（2）

点击之后，参数值按照图 8-3 设置，依次进行一阶差分和二阶差分，最后确定 d 值为 2，如图 8-4 所示。

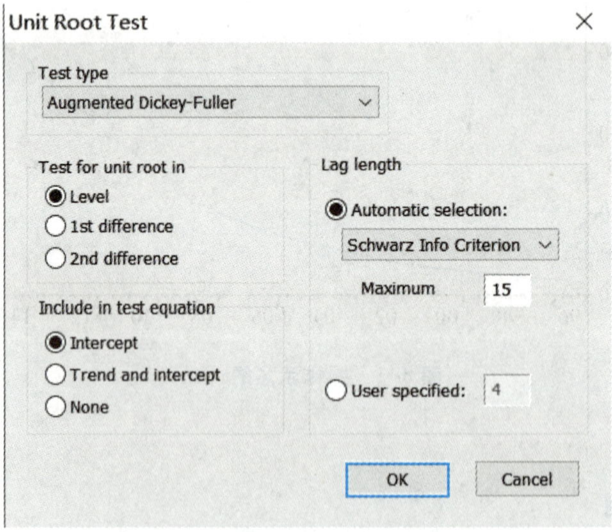

图 8-3 操作示意图（3）

Null Hypothesis: D(M2,2) has a unit root
Exogenous: Constant
Lag Length: 11 (Automatic - based on SIC, maxlag=15)

		t-Statistic	Prob.*
Augmented Dickey-Fuller test statistic		-11.72706	0.0000
Test critical values:	1% level	-3.457173	
	5% level	-2.873240	
	10% level	-2.573080	

图 8-4　检验结果

将经过两次差分的序列命名为 W2，接下来查看 W2 的自相关、偏自相关函数图。打开 W2 序列，点击“view-correlogram”，会弹出如图 8-5 所示的窗口。

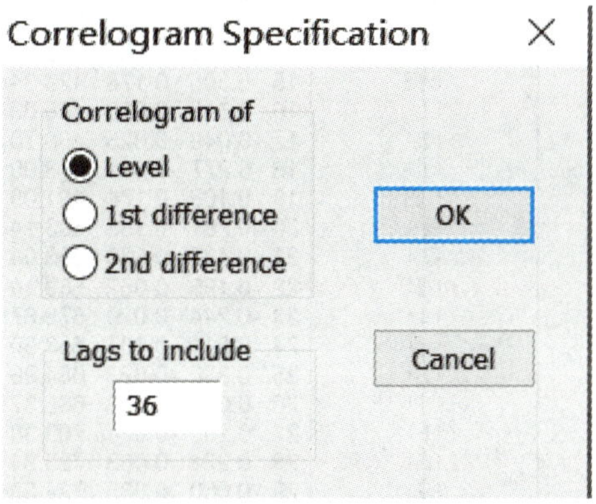

图 8-5　操作示意图（4）

我们选择滞后项数为 36，然后点击“OK”就得到了 W2 的自相关和偏自相关函数图，如图 8-6 所示。

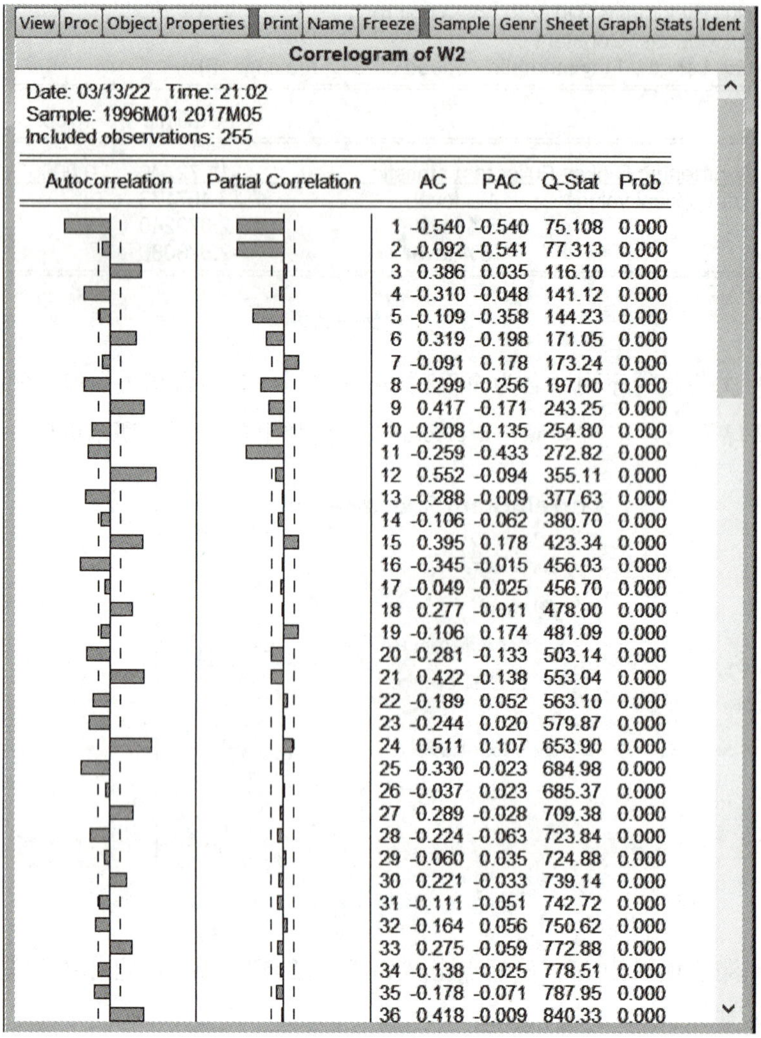

View Proc Object Properties Print Name Freeze Sample Genr Sheet Graph Stats Ident

Correlogram of W2

Date: 03/13/22 Time: 21:02
Sample: 1996M01 2017M05
Included observations: 255

	AC	PAC	Q-Stat	Prob
1	-0.540	-0.540	75.108	0.000
2	-0.092	-0.541	77.313	0.000
3	0.386	0.035	116.10	0.000
4	-0.310	-0.048	141.12	0.000
5	-0.109	-0.358	144.23	0.000
6	0.319	-0.198	171.05	0.000
7	-0.091	0.178	173.24	0.000
8	-0.299	-0.256	197.00	0.000
9	0.417	-0.171	243.25	0.000
10	-0.208	-0.135	254.80	0.000
11	-0.259	-0.433	272.82	0.000
12	0.552	-0.094	355.11	0.000
13	-0.288	-0.009	377.63	0.000
14	-0.106	-0.062	380.70	0.000
15	0.395	0.178	423.34	0.000
16	-0.345	-0.015	456.03	0.000
17	-0.049	-0.025	456.70	0.000
18	0.277	-0.011	478.00	0.000
19	-0.106	0.174	481.09	0.000
20	-0.281	-0.133	503.14	0.000
21	0.422	-0.138	553.04	0.000
22	-0.189	0.052	563.10	0.000
23	-0.244	0.020	579.87	0.000
24	0.511	0.107	653.90	0.000
25	-0.330	-0.023	684.98	0.000
26	-0.037	0.023	685.37	0.000
27	0.289	-0.028	709.38	0.000
28	-0.224	-0.063	723.84	0.000
29	-0.060	0.035	724.88	0.000
30	0.221	-0.033	739.14	0.000
31	-0.111	-0.051	742.72	0.000
32	-0.164	0.056	750.62	0.000
33	0.275	-0.059	772.88	0.000
34	-0.138	-0.025	778.51	0.000
35	-0.178	-0.071	787.95	0.000
36	0.418	-0.009	840.33	0.000

图 8-6　W2 自相关函数图和偏自相关函数图

从图 8-6 中我们可以看出，它们都是拖尾的，因此可以设为 ARMA 过程，W2 的自相关函数 1~5 阶都是显著的，偏自相关函数 1~2 阶都是显著的，因此我们可以先设定 q 值为 5，p 值为 2，于是对于序列 W2，我们初步建立了 ARIMA（2，5）模型。

三、模型估计

点击“quick-estimate equation”，会弹出如图 8-7 所示的窗口，在“Equation specification”中键入 w2 c ma（1）ma（2）ma（3）ma（4）ma（5）ar（1）ar（2），在“estimation settings”中选择“LS-Least Squares（NLS and ARMA）”，然后点击“OK”，得到如图 8-8 所示的结果。

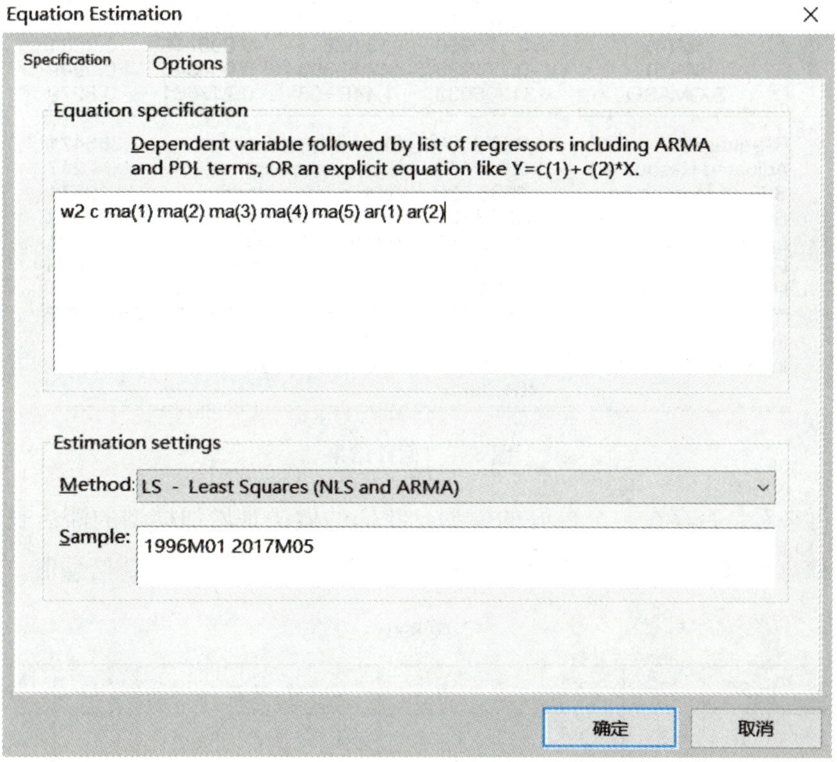

图 8-7　回归方程设定

Dependent Variable: W2
Method: ARMA Maximum Likelihood (OPG - BHHH)
Date: 03/13/22 Time: 14:35
Sample: 1996M03 2017M05
Included observations: 255
Convergence achieved after 51 iterations
Coefficient covariance computed using outer product of gradients

Variable	Coefficient	Std. Error	t-Statistic	Prob.
C	55.02833	6.980992	7.882594	0.0000
AR(1)	-0.995900	0.011446	-87.01055	0.0000
AR(2)	-0.980692	0.011240	-87.25139	0.0000
MA(1)	0.034033	5.675742	0.005996	0.9952
MA(2)	0.233507	19.87865	0.011747	0.9906
MA(3)	-0.874592	79.31138	-0.011027	0.9912
MA(4)	-0.120960	13.88817	-0.008710	0.9931
MA(5)	-0.271988	42.86893	-0.006345	0.9949
SIGMASQ	31305033	1.44E+08	0.217661	0.8279

R-squared	0.679609	Mean dependent var	-1.366471
Adjusted R-squared	0.669190	S.D. dependent var	9904.217
S.E. of regression	5696.520	Akaike info criterion	20.19574
Sum squared resid	7.98E+09	Schwarz criterion	20.32072
Log likelihood	-2565.957	Hannan-Quinn criter.	20.24601
F-statistic	65.22647	Durbin-Watson stat	2.018809
Prob(F-statistic)	0.000000		

Inverted AR Roots	-.50-.86i	-.50+.86i		
Inverted MA Roots	1.00	-.06+.57i	-.06-.57i	-.46-.79i
	-.46+.79i			

图 8-8 回归结果

我们再来看是否存在一个更好的模型，我们的做法是增加模型的滞后长度，然后根据 AIC 信息值来判断。表 8-1 是我们实验的几个 p、q 的值的 AIC 信息值。

表 8-1

p	2	2	2	2	3	4	2	4	4	1	3	3
q	5	1	2	3	3	2	1	3	4	1	2	4
AIC	20. 19	20. 58	20. 45	20. 23	20. 21	20. 32	20. 58	20. 21	20. 22	20. 48	20. 40	20. 23

可以看到，根据 AIC 信息值，我们可以选择 $p=3$，$q=3$ 或 $p=3$，$q=4$，前者建立的模型中有的解释变量的系数估计值是不显著的，而后者建立的模型其解释变量的系数值都是显著的（如图 8-9 所示），因此我们最终建立的模型是 ARMA（3，4）。

Dependent Variable: W2
Method: ARMA Maximum Likelihood (OPG - BHHH)
Date: 03/13/22 Time: 15:36
Sample: 1996M03 2017M05
Included observations: 255
Failure to improve objective (non-zero gradients) after 62 iterations
Coefficient covariance computed using outer product of gradients

Variable	Coefficient	Std. Error	t-Statistic	Prob.
C	55.19569	5.222091	10.56965	0.0000
AR(1)	-0.567018	0.057579	-9.847611	0.0000
AR(2)	-0.575920	0.062686	-9.187343	0.0000
AR(3)	0.372666	0.063408	5.877308	0.0000
MA(1)	-0.409763	0.044231	-9.264134	0.0000
MA(2)	0.131142	0.033811	3.878671	0.0001
MA(3)	-1.510849	0.059800	-25.26525	0.0000
MA(3)	0.640544	0.016379	39.10795	0.0000
MA(4)	0.149167	0.046582	3.202261	0.0015
SIGMASQ	32334307	2617949.	12.35101	0.0000

R-squared	0.669075	Mean dependent var	-1.366471
Adjusted R-squared	0.656918	S.D. dependent var	9904.217
S.E. of regression	5801.213	Akaike info criterion	20.23470
Sum squared resid	8.25E+09	Schwarz criterion	20.37357
Log likelihood	-2569.924	Hannan-Quinn criter.	20.29056
F-statistic	55.03874	Durbin-Watson stat	2.013773
Prob(F-statistic)	0.000000		

Inverted AR Roots	.39	-.48+.85i	-.48-.85i	
Inverted MA Roots	.62+.79i	.62-.79i	-.27	-.56
	Estimated MA process is noninvertible			

图 8-9 回归结果

四、模型的预测

点击“Forcast”，会弹出如图 8-10 所示的窗口，在 EViews 中有两种预测方式，dynamic 和 static，前者是根据所选择的一定的估计区间，进行多步向前预测，后者是只滚动的向前一步预测，即每预测一次，用真实值代替预测值，加入估计区间，再进行前一步预测。我们首先用前者来估计 2015 年 1 月—2017 年 5 月的 W2，在“Forecast sample”空白栏中键入“2015m01 2017m05”（如图 8-10 所示），选择“Dynamic forecast”，其他的形式可以根据目的自行选择，点击“OK”，得到如图 8-11 所示的预测结果。

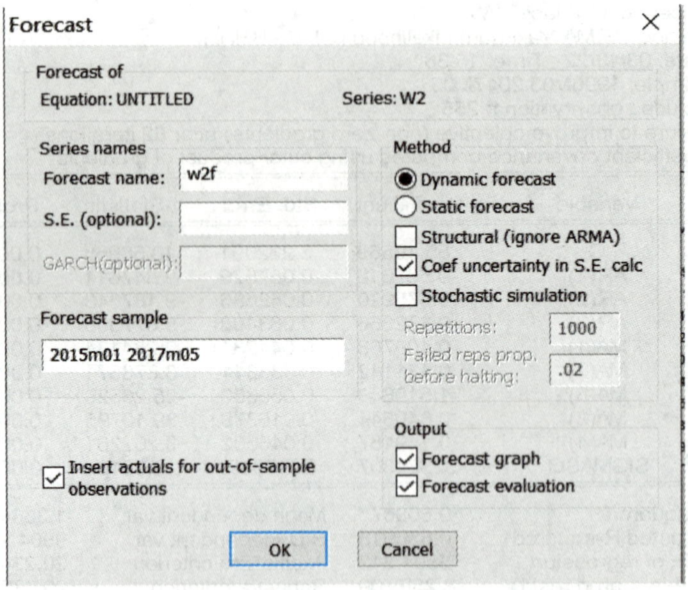

图 8-10　ARMA（3，5）模型预测设定

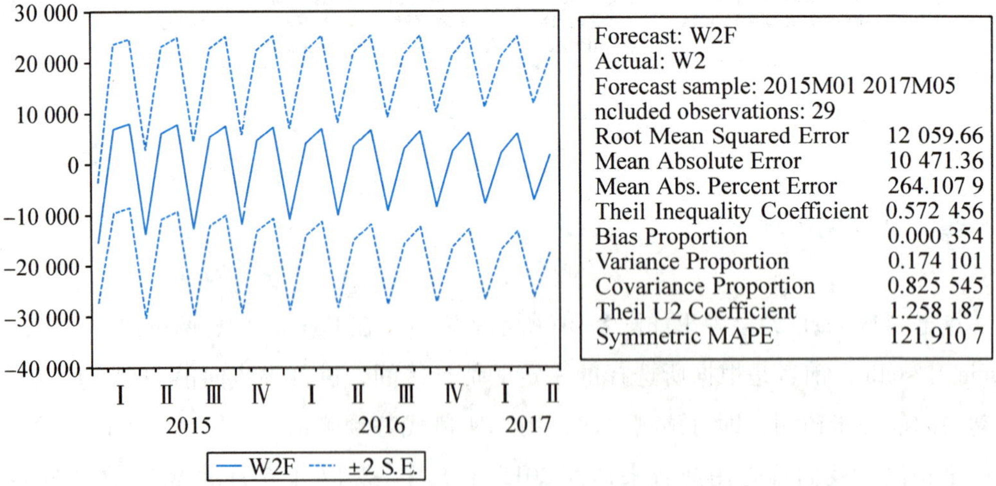

图 8-11　Dynamic 预测方式结果

图 8-11 中，实线代表的是 W2 的预测值，两条虚线则提供了 2 倍标准差的置信区间。可以看到，正如我们在前面所说的，随着预测时间的增长，预测值很快趋向于序列的均值。图的右边是评价预测的一些标准，如平均预测误差平方和的平方根

（RMSE），Theil 不相等系数及其分解。可以看到，Theil 不相等系数为 0.57，表明模型的预测能力还算可以，而对它的分解表明误差比例很小，方差比例较大，说明实际序列的波动较大，而模拟序列的波动较小，这可能是预测时间过长导致的。

下面我们再利用 Static 方法来估计 2016 年 1 月—2017 年 1 月的 W2，我们可以得到如图 8-12 所示的结果。从图中可以看到，Static 方法得到的预测值波动值要大，同时，方差比例的下降也表明其较好地模拟了实际序列的波动，Theil 不相等系数为 0.40，其中协方差比例为 0.85，表明预测的结果还算理想。

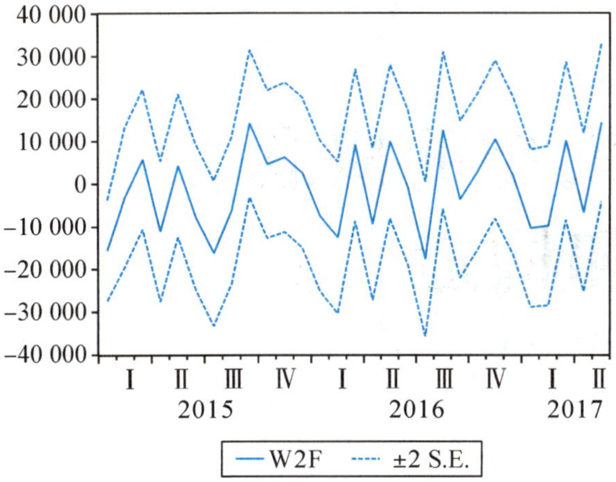

Forecast: W2F	
Actual: W2	
Forecast sample: 2015M01 2017M05	
Included observations: 29	
Root Mean Squared Error	9 218.007
Mean Absolute Error	7 998.041
Mean Abs. Percent Error	231.077 4
Theil Inequality Coefficient	0.405 602
Bias Proportion	0.003 051
Variance Proportion	0.137 687
Covariance Proportion	0.859 262
Theil U2 Coefficient	1.136 274
Symmetric MAPE	101.875 4

图 8-12　Static 预测方式结果

第九章

VAR 模型的概念和构造

第一节 实验目的和基本概念

一、实验目的

理解 VAR 模型的概念，掌握 VAR 模型的形式和特点，掌握 VAR 模型的识别、估计、检验，了解似然比检验法，掌握脉冲响应的作用和应用，掌握使用 EViews 软件进行相关的检验的方法。

二、基本概念

在一个含有 n 个方程（被解释变量）的 VAR 模型中，每个被解释变量都对自身以及其他被解释变量的若干期滞后值回归，若令滞后阶数为 k，则 VAR 模型的一般形式可用下式表示：

$$Z_t = \sum_{i=1}^{k} A_i Z_{t-i} + V_t \qquad \text{（式 9.1）}$$

其中，Z_t表示由第 t 期观测值构成的 n 维列向量，A_i为 $n*n$ 系数矩阵，V_t是由随机误差项构成的 n 维列向量，V_i（i=1，2，…，n）为白噪音过程，且满足

$$E(v_{it}v_{jt}) = 0(i，j = 1,2,\cdots,n，\text{且 } i \neq j)$$

三、VAR 模型的识别、估计、检验

（一）VAR 模型的识别

前面提到，建立 VAR 模型的一个难点就是确定滞后项数。通常，金融理论知识给

出滞后项数的一个大致范围，例如货币政策的时滞一般为 6~12 个月，因此在应用 VAR 模型对货币政策效应进行分析时，如果是月度数据我们就可以确定滞后阶数应小于 12。如果要具体得确定滞后项数，就需要用到其他的一些方法，下面我们将介绍其中的几种方法。

1. 似然比检验法（likelihood ratio test）

似然比检验构造的检验统计量如下：

$$LR = T\left[\log\left|\sum_r\right| - \log\left|\sum_u\right|\right] \quad （式 9.2）$$

它服从自由度为 m 的分布。

其中，$\left|\sum_r\right|$ 表示的是有约束回归模型估计残差的方差-协方差矩阵的行列式，$\left|\sum_u\right|$ 表示的是无约束回归模型估计残差的方差-协方差矩阵的行列式；自由度 m 等于所加约束的个数。

例如，如果某 VAR 模型有 a 个方程，要检验所有方程最后 b 个滞后项系数是否为 0，则一共有 a^{2b} 个约束。

2. 信息准则法

Akaike 信息准则：

$$AIC = \log\left|\sum_i\right| + \frac{2k'}{T} \quad （式 9.3）$$

Schwartz 信息准则：

$$SC = \log\left|\sum_i\right| + \frac{k'}{T}\log^t \quad （式 9.4）$$

其中，$\left|\sum_i\right|$ 代表由估计残差的方差和协方差组成的矩阵的行列式，T 代表样本容量，k' 表示的是所有方程中回归项的个数（包括常数项）。例如，对于一个含有 a 个方程，滞后项数为 b 的 VAR 模型，$k'=a^2b+a$。

（二）VAR 模型的估计

前面我们提到，如果 VAR 模型中的变量是平稳的，并且方程右边包含相同的解释变量，随机误差项满足基本假定，则我们可以分别应用普通最小二乘法对单个方程予以估计，所得到的估计值是一致的、渐进有效的。当上述条件不满足时，我们需要用到估计联立方程模型的其他方法。

由于所用到的数学知识已经超出了本书的范围，并且在 EViews 软件中可以方便地实现对 VAR 模型的估计（我们会在例子中予以介绍），在此我们不再多做介绍。

（三）VAR 模型的检验

前面已经提到，VAR 模型是缺乏理论依据的。在 VAR 模型中，很难逐一解释各个变量系数的意义，特别是在很多情况下，解释变量系数会随滞后期数的变化而改变符号，同时模型内部不同方程之间也存在联系，因此很难判断当某个变量发生变化时，其他变量的未来值会有什么样的变化。

为弥补上述 VAR 模型的缺陷，发挥 VAR 模型的作用，应用中一般做如下的检验：

1. 对某变量全部滞后项系数的联合检验

在 VAR 模型中，单个变量系数的意义是很难确认的，但有时我们会对如下的问题感兴趣：对于模型内的某一方程，某变量的全部滞后值是否对被解释变量有显著的解释作用。

我们可以发现，如果 VAR 模型仅包含两个方程，这实际上就是我们在第五章提到的因果检验：如果该变量的所有滞后值对被解释变量有显著的解释作用，那么就说该变量是被解释变量的“格兰杰原因”，反之则不是。

2. 脉冲响应

脉冲响应度量的是被解释变量对单位冲击的响应。例如，假定某误差项仅在第 t 期发生突变，而后各期重新恢复平静，脉冲响应测量的是各期（t，$t+1$，$t+2$，…）的被解释变量对该冲击的反应。

通过测量脉冲响应，我们能够清楚地看到某一时期的冲击对未来各期被解释变量的影响。在实际应用中，对于拥有多个方程、滞后项数较多的 VAR 模型，一般是将 VAR 模型转变为 VMA（vector moving average，向量移动平均）模型，并得出脉冲响应函数。

第二节 VAR 模型示例

在本例中，我们使用 2011 年 1 月—2021 年 9 月的上证指数及深证综指的数据进行研究。

一、将数据导入 EViews 进行基础分析并做平稳化处理

点击“file-new-workfile”，在“date specification”中选择“monthly”，“start date”输入 2011-1，“end date”输入 2021-9，在工作窗口空白处点击右键，选择“new object”，在“new name for object”中输入 s（上证指数），第二次输入 z（深证综指）。同时选中 s 及 z，按组打开，将数据从 Excel 中复制到 EViews 中。

将 s 和 z 按组打开后，点击“view-graph”，出现如图 9-1 所示的窗口，按照其设置，点击“OK”，即可得到图 9-2 所示内容。

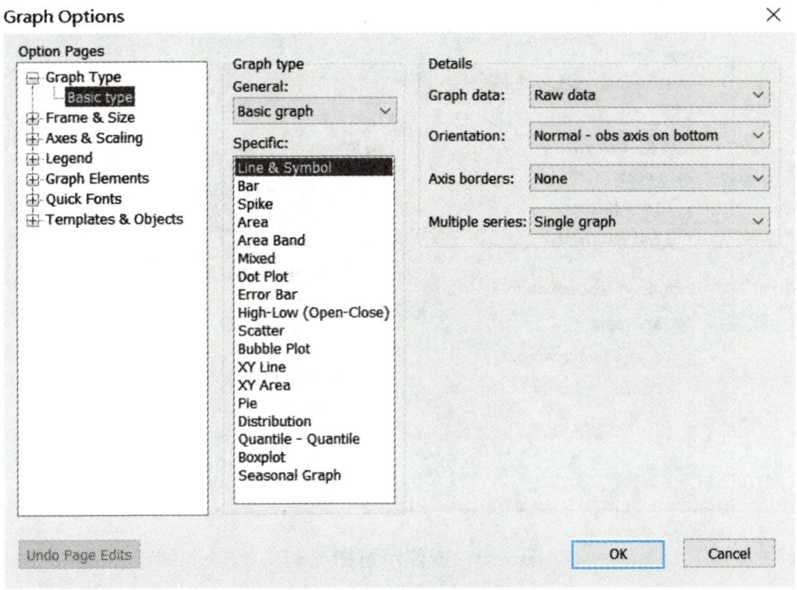

图 9-1　操作示意图（1）

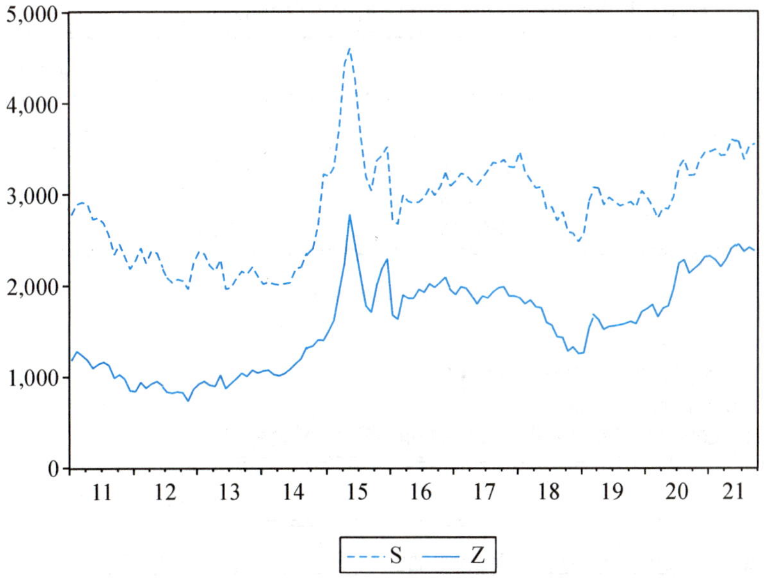

图 9-2　操作示意图（2）

对 s 和 z 进行 ADF 检验，分别打开 s 和 z，点击“view-unit root test”，出现如图 9-3 所示的窗口，按照设置，点击“OK”后，发现均不平稳，结果如图 9-4 及图 9-5 所示。

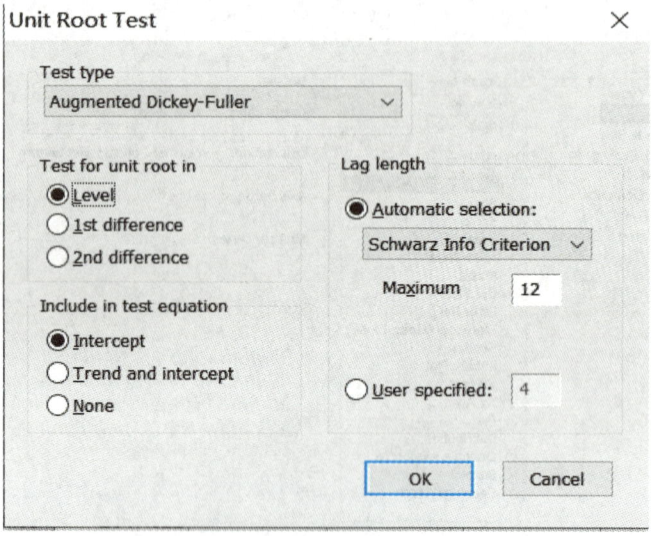

图 9-3　操作示意图（3）

Null Hypothesis: S has a unit root
Exogenous: Constant
Lag Length: 1 (Automatic - based on SIC, maxlag=12)

		t-Statistic	Prob.*
Augmented Dickey-Fuller test statistic		-2.307900	0.1711
Test critical values:	1% level	-3.482453	
	5% level	-2.884291	
	10% level	-2.578981	

图 9-4　检验结果

Null Hypothesis: Z has a unit root
Exogenous: Constant
Lag Length: 1 (Automatic - based on SIC, maxlag=12)

		t-Statistic	Prob.*
Augmented Dickey-Fuller test statistic		-1.524619	0.5181
Test critical values:	1% level	-3.482453	
	5% level	-2.884291	
	10% level	-2.578981	

图 9-5　检验结果

对 s 进行一阶差分后平稳（如图 9-6 所示），对 z 进行一阶差分后平稳（如图 9-7 所示）。

Null Hypothesis: D(S) has a unit root
Exogenous: Constant
Lag Length: 0 (Automatic - based on SIC, maxlag=12)

		t-Statistic	Prob.*
Augmented Dickey-Fuller test statistic		-8.789445	0.0000
Test critical values:	1% level	-3.482453	
	5% level	-2.884291	
	10% level	-2.578981	

图 9-6　检验结果

Null Hypothesis: D(Z) has a unit root
Exogenous: Constant
Lag Length: 2 (Automatic - based on SIC, maxlag=12)

		t-Statistic	Prob.*
Augmented Dickey-Fuller test statistic		-8.460728	0.0000
Test critical values:	1% level	-3.483312	
	5% level	-2.884665	
	10% level	-2.579180	

图 9-7　检验结果

将平稳后的数据添加到工作表，点击“quick-generate series”，出现如图 9-8 所示的窗口，在窗口中输入 ds=d(s)，即可得到序列 s 一阶差分后的序列 ds，dz 同理。

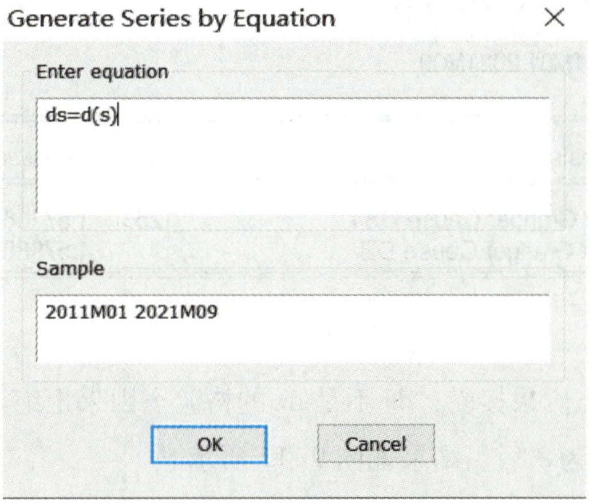

图 9-8　操作示意图（4）

二、格兰杰因果检验

平稳后做格兰杰因果检验，选中 ds 和 dz 按组打开操作如图 9-9 所示。

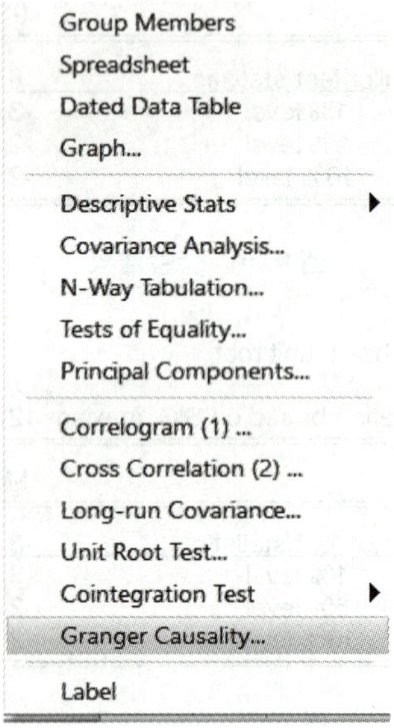

图 9-9　操作示意图（5）

最大滞后阶数我们选择 2 阶，得到如图 9-10 所示的结果。

Pairwise Granger Causality Tests
Date: 03/15/22　Time: 08:52
Sample: 2011M01 2021M09
Lags: 2

Null Hypothesis:	Obs	F-Statistic	Prob.
DZ does not Granger Cause DS	126	1.57106	0.2120
DS does not Granger Cause DZ		4.57988	0.0121

图 9-10　检验结果

dz 不是 ds 的格兰杰因果接受；ds 不是 dz 的格兰杰因果拒绝。

将最大滞后阶数换为 3 后，结果如图 9-11 所示。

Pairwise Granger Causality Tests
Date: 03/15/22 Time: 08:53
Sample: 2011M01 2021M09
Lags: 3

Null Hypothesis:	Obs	F-Statistic	Prob.
DZ does not Granger Cause DS	125	1.90943	0.1318
DS does not Granger Cause DZ		3.11605	0.0288

图 9-11 检验结果

dz 不是 ds 的格兰杰因果接受；ds 不是 dz 的格兰杰因果拒绝。

将最大滞后阶数换为 4 后，结果如图 9-12 所示。

Pairwise Granger Causality Tests
Date: 03/15/22 Time: 08:53
Sample: 2011M01 2021M09
Lags: 4

Null Hypothesis:	Obs	F-Statistic	Prob.
DZ does not Granger Cause DS	124	3.10402	0.0182
DS does not Granger Cause DZ		2.91176	0.0245

图 9-12 检验结果

dz 不是 ds 的格兰杰因果拒绝；ds 不是 dz 的格兰杰因果拒绝。

两个均拒绝，即 dz 的发展会对 ds 的发展造成影响，ds 的发展会对 dz 的发展造成影响。

三、VAR 模型

在 VAR 下不关注变量的显著，重点看 AIC/SC，以此来确定滞后阶数。在主窗口选择“quick”，再选择“Estimate VAR”（如图 9-13 所示），弹出如图 9-14 所示的窗口，在左边“var type”中我们选择“Standard VAR”，滞后长度我们从一阶试起，在右边“Endogenous variables”空白栏中我们输入“ds dz”，在“Exdogenous variables”中保留常数项 c，即可得到估计结果。

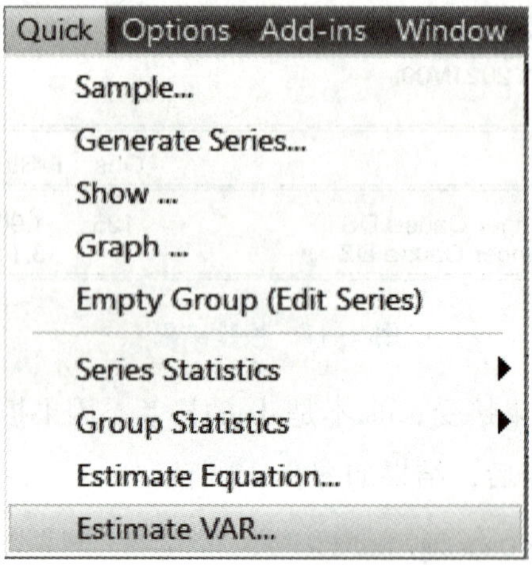

图 9-13　操作示意图（6）

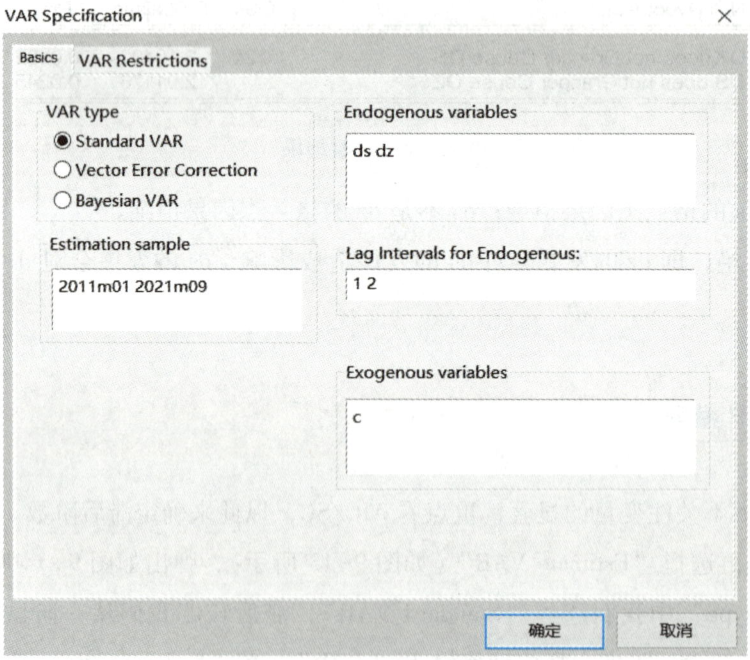

图 9-14　操作示意图（7）

可以看出默认是滞后两阶，确定后出现结果，在这里我们主要看的是 AIC 与 SC 的值，如图 9-15 所示。

R-squared	0.107512	0.143137
Adj. R-squared	0.078008	0.114811
Sum sq. resids	3750232.	1847576.
S.E. equation	176.0502	123.5687
F-statistic	3.644002	5.053205
Log likelihood	-827.7522	-783.1518
Akaike AIC	13.21829	12.51035
Schwarz SC	13.33084	12.62290
Mean dependent	5.079808	9.058521
S.D. dependent	183.3466	131.3381
Determinant resid covariance (dof adj.)		1.53E+08
Determinant resid covariance		1.41E+08
Log likelihood		-1539.682
Akaike information criterion		24.59813
Schwarz criterion		24.82323
Number of coefficients		10

图 9-15　检验结果

要试不同的阶数，直到 AIC 与 SC 的值最小。本例中滞后 4 期时 AIC 与 SC 的值最小，因此我们选择滞后项为 4，得到如图 9-16 所示的结果。

在图 9-15 中我们可以看到，在同一变量不同的滞后项，有的是显著的，有的是不显著的，有的符号是相反的，这验证了我们所说的 VAR 模型是缺乏理论依据的，我们无法直接得出某种结论。

首先，对于 s 来说，z 对其具有一定影响，说明上证指数受到深证综指的影响。

其次，对于 z 来说，上期的 s 对其具有较大影响，说明深证综指受到上证指数的影响较大。

Vector Autoregression Estimates
Date: 03/15/22 Time: 10:59
Sample (adjusted): 2011M06 2021M09
Included observations: 124 after adjustments
Standard errors in ( ) & t-statistics in [ ]

	DS	DZ
DS(-3)	0.135212	0.083183
	(0.16184)	(0.11591)
	[0.83548]	[0.71765]
DS(-4)	0.420664	0.171659
	(0.16774)	(0.12014)
	[2.50789]	[1.42889]
DZ(-3)	-0.528916	-0.400463
	(0.23002)	(0.16474)
	[-2.29945]	[-2.43085]
DZ(-4)	-0.547352	-0.255845
	(0.22642)	(0.16216)
	[-2.41744]	[-1.57770]
C	13.49139	15.04737
	(16.0835)	(11.5192)
	[0.83883]	[1.30628]
R-squared	0.100404	0.101621
Adj. R-squared	0.070166	0.071423
Sum sq. resids	3752439.	1924854.
S.E. equation	177.5756	127.1819
F-statistic	3.320410	3.365192
Log likelihood	-815.6417	-774.2533
Akaike AIC	13.23616	12.56860
Schwarz SC	13.34988	12.68232
Mean dependent	6.650765	10.34801
S.D. dependent	184.1537	131.9825

Determinant resid covariance (dof adj.)	1.59E+08
Determinant resid covariance	1.46E+08
Log likelihood	-1517.515
Akaike information criterion	24.63734
Schwarz criterion	24.86479
Number of coefficients	10

图 9-16 检验结果

四、检验脉冲响应

点击“impulse”菜单，就会弹出如图 9-17 所示的窗口。

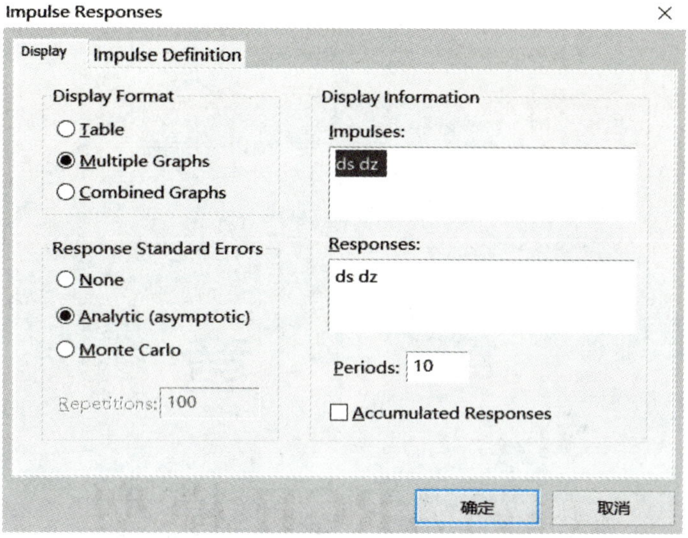

图 9-17　操作示意图（7）

我们选择对两个变量都进行脉冲响应测试，冲击也分别来自两个变量，然后选择时期为 10（其他各项可根据需要选择），点击确定，得到如图 9-18 所示的脉冲测试结果。

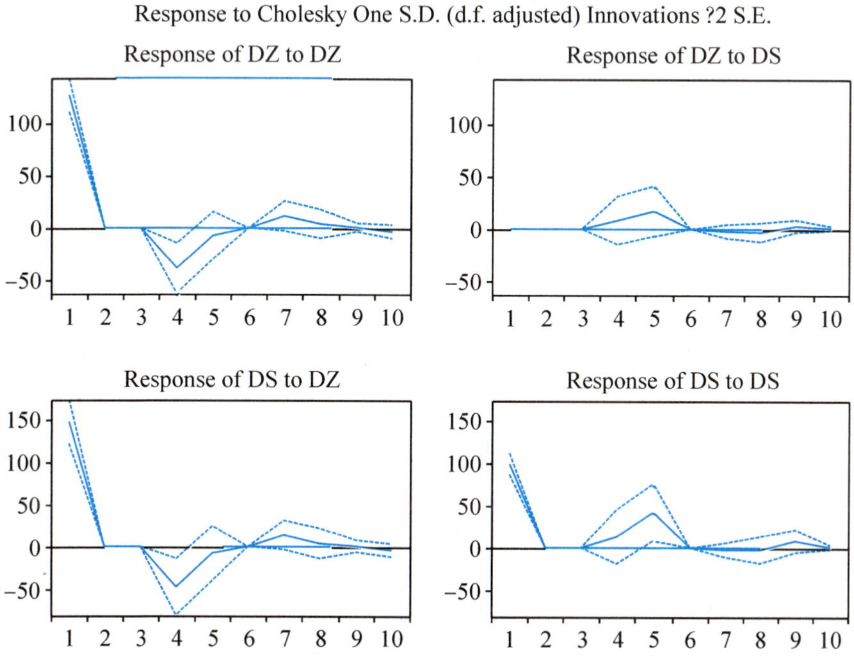

图 9-18　脉冲响应图

第十章

(G) ARCH 模型在金融数据中的应用

第一节 实验目的

(1) 理解自回归异方差(ARCH)模型的概念及建立的必要性和适用的场合。

(2) 了解(G)ARCH 模型的各种不同类型，如 GARCH－M 模型(GARCH in Mean)，EGARCH 模型(Exponential GARCH)和 TARCH 模型(Threshold ARCH)。掌握对(G)ARCH 模型的识别、估计及如何运用 EViews 软件在实证研究中实现。

第二节 基本概念

p 阶自回归条件异方程 ARCH(p)模型，其定义由均值方程(式 10.1)和条件方差方程(10.2)给出：

$$y_t = \beta x_t + \varepsilon_t \quad (式 10.1)$$

$$h_t = \mathrm{var}(\varepsilon_t \mid \Omega_{t-1}) = a_0 + a_1\varepsilon_{t-1}^2 + a_2\varepsilon_{t-2}^2 + \cdots + a_p\varepsilon_{t-p}^2 \quad (式 10.2)$$

其中，Ω_{t-1} 表示 $t-1$ 时刻所有可得信息的集合，h_t 为条件方差。方程(式 10.2)表示误差项 ε_t 的方差 h_t 由两部分组成：一个常数项和前 p 个时刻关于变化量的信息，用前 p 个时刻的残差平方表示(ARCH 项)。

广义自回归条件异方差 GARCH(p, q)模型可表示为

$$y_t = \beta x_t + \varepsilon_t \quad (式 10.3)$$

$$h_t = \mathrm{var}(\varepsilon_t \mid \Omega_{t-1}) = a_0 + a_1\varepsilon_{t-1}^2 + \cdots + a_p\varepsilon_{t-p}^2 + \lambda_1 h_{t-1} + \cdots + \lambda_q h_{t-q} \quad (式 10.4)$$

第三节 实验内容及要求

一、实验内容

以上证指数和深证成分指数为研究对象，选取 1997 年 1 月 2 日—2002 年 12 月 31 日共 6 年每个交易日上证指数和深证成份指数的收盘价为样本，完成以下实验步骤：

（1）沪深股市收益率的波动性研究；

（2）股市收益波动非对称性研究；

（3）沪深股市波动溢出效应研究。

二、实验要求

（1）深刻理解本章的概念；

（2）对实验步骤中提出的问题进行思考；

（3）熟练掌握实验的操作步骤，并得到有关结果。

第四节 实验指导

一、沪深股市收益率的波动性研究

(一) 描述性统计

1. 导入数据，建立工作组

打开 EViews 软件，选择 “File” 菜单中的 “New Workfile” 选项，在 “Workfile frequency” 框中选择 “undated or irregular”，在 “Start observation” 和 “End observation” 框中分别输入 “1” 和 “1444”，单击 “OK”。选择 “File” 菜单中的 “Import-Read Text-Lotus-Exel” 选项，找到要导入的 Excel 文档完成数据导入，如图 10-1 所示。

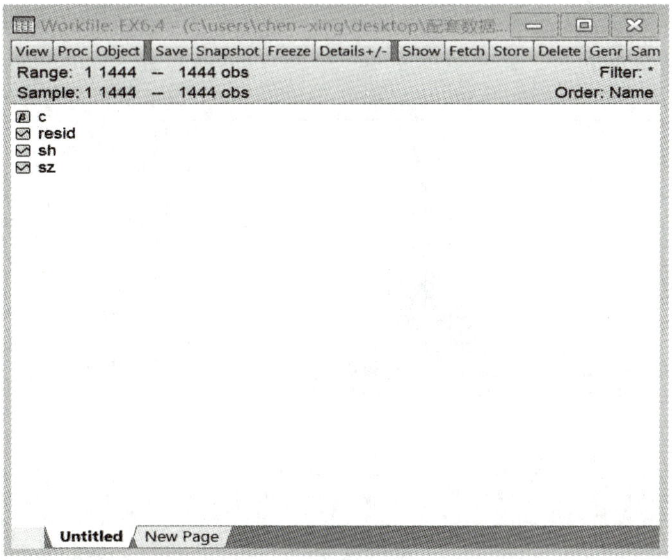

图 10-1 操作示意图 (1)

2. 生成收益率的数据列

在 EViews 窗口主菜单栏下的命令窗口中键入如下命令：genr rh = log(sh/sh(-1))，如图 10-2 所示，回车后即形成沪市收益率的数据序列 rh，同样的方法可得深市收益数据序列 rz。

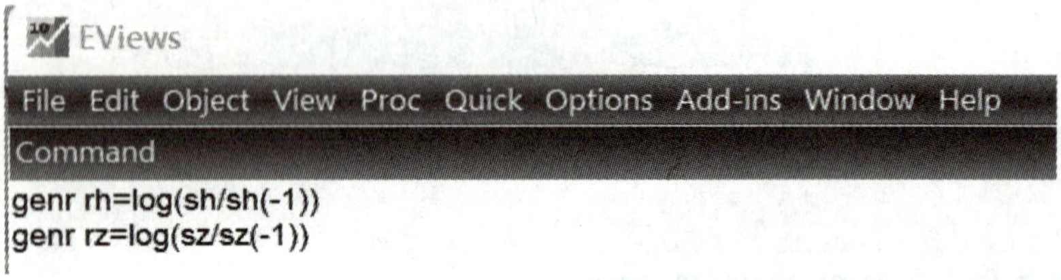

图 10-2 操作示意图（2）

3. 观察收益率的描述性统计量

双击选取“rh”数据序列，在新出现的窗口中点击“View”—“Descriptive Statistics”—“Histogram and Stats”，则可得沪市收益率 rh 的描述性统计量，如图 10-3 所示，同理可得深市收益率 rz 的描述性统计量，如图 10-4 所示。

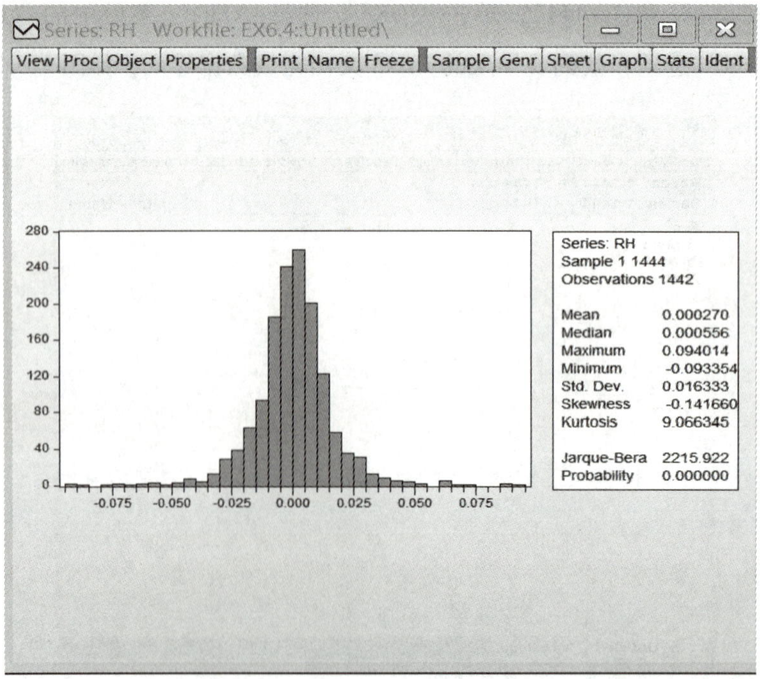

图 10-3 沪市收益率 rh 的描述性统计量

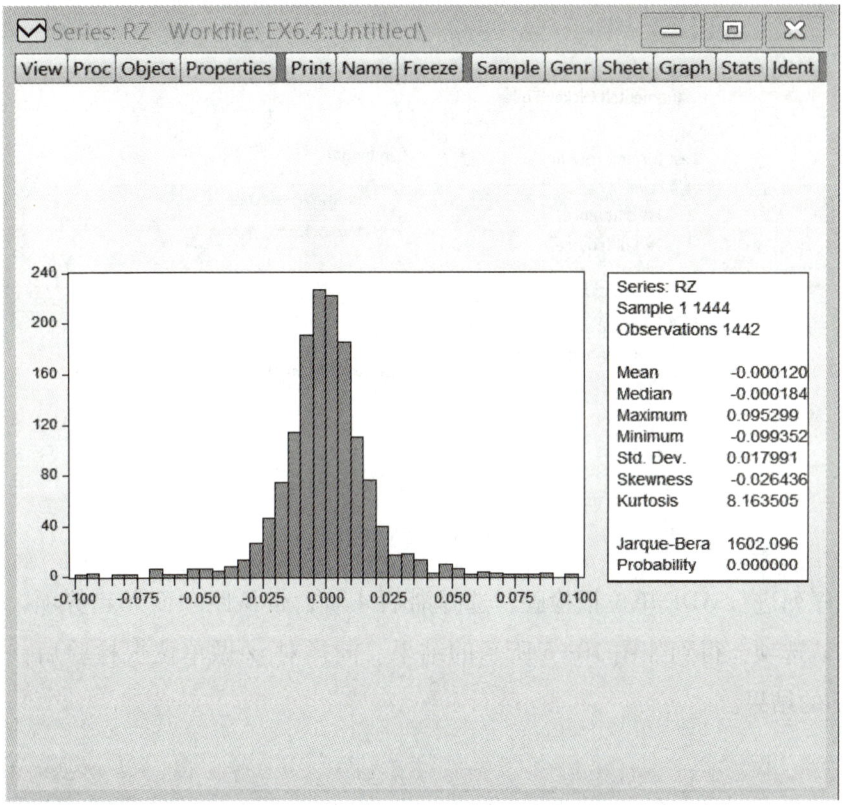

图 10-4 深市收益率 rz 的描述性统计量

观察这些数据，我们可以发现：样本期内沪市收益率均值为 0.027%，标准差为 1.63%，偏度为-0.146，左偏峰度为 9.07，远高于正态分布的峰度值 3，说明收益率 rh 具有尖峰和厚尾特征。JB 正态性检验也证实了这点，统计量为 2 216，说明在极小水平下，收益率 rh 显著异于正态分布；深市收益率均值为-0.012%，标准差为 1.80%，偏度为-0.027，左偏峰度为 8.172，收益率 rz 同样具有尖峰厚尾特征。深市收益率的标准差大于沪市，说明深圳股市的波动更大。

（二）平稳性检验

再次双击 rh 序列，依次点击"View"—"Unit Root Test"，出现如图 10-5 所示的窗口。

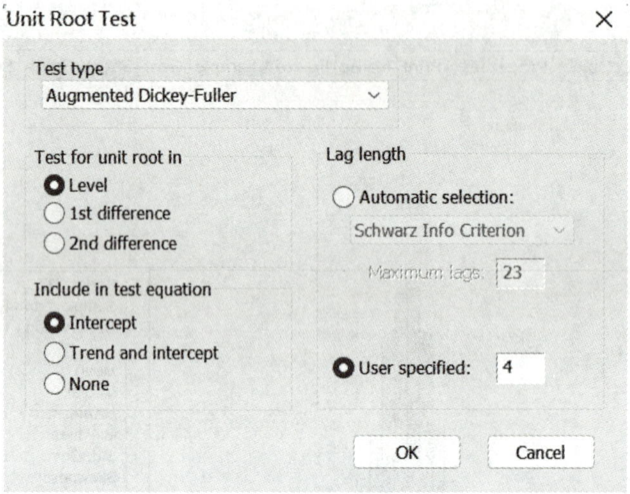

图 10-5　单位根检验

对该序列进行 ADF 单位根检验，选择滞后 4 阶，带截距项而无趋势项，所以采用窗口的默认选项，得到如图 10-6 所示的结果。同样对 rz 做单位根检验后，得到如图 10-7 所示的结果。

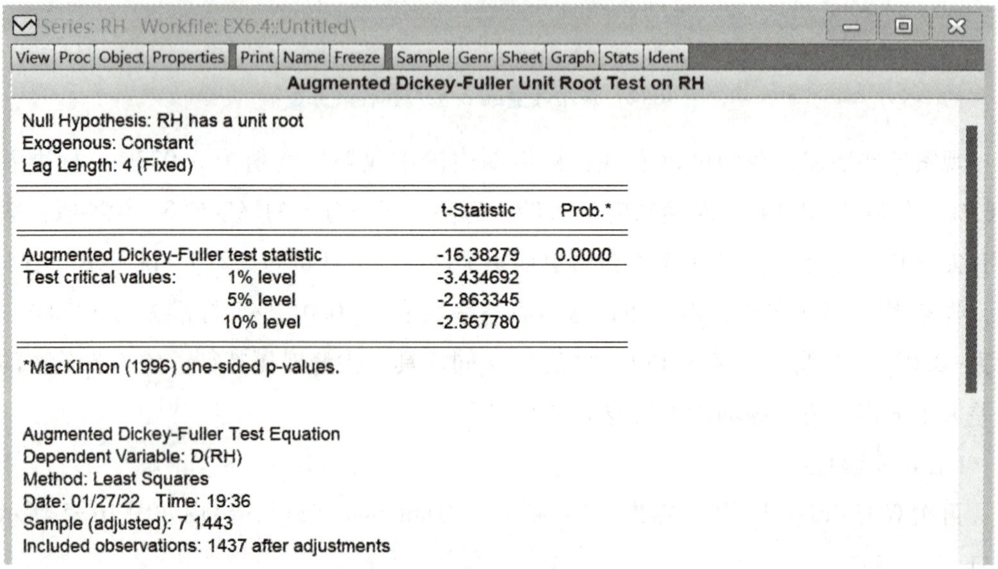

Augmented Dickey-Fuller Unit Root Test on RH

Null Hypothesis: RH has a unit root
Exogenous: Constant
Lag Length: 4 (Fixed)

		t-Statistic	Prob.*
Augmented Dickey-Fuller test statistic		-16.38279	0.0000
Test critical values:	1% level	-3.434692	
	5% level	-2.863345	
	10% level	-2.567780	

*MacKinnon (1996) one-sided p-values.

Augmented Dickey-Fuller Test Equation
Dependent Variable: D(RH)
Method: Least Squares
Date: 01/27/22 Time: 19:36
Sample (adjusted): 7 1443
Included observations: 1437 after adjustments

图 10-6　检验结果

Series: RZ Workfile: EX6.4::Untitled\

View | Proc | Object | Properties | Print | Name | Freeze | Sample | Genr | Sheet | Graph | Stats | Ident

Augmented Dickey-Fuller Unit Root Test on RZ

Null Hypothesis: RZ has a unit root
Exogenous: Constant
Lag Length: 4 (Fixed)

		t-Statistic	Prob.*
Augmented Dickey-Fuller test statistic		-15.95064	0.0000
Test critical values:	1% level	-3.434692	
	5% level	-2.863345	
	10% level	-2.567780	

*MacKinnon (1996) one-sided p-values.

Augmented Dickey-Fuller Test Equation
Dependent Variable: D(RZ)
Method: Least Squares
Date: 01/27/22 Time: 19:38
Sample (adjusted): 7 1443
Included observations: 1437 after adjustments

图 10-7 检验结果

根据图示结果分析，在 1%的显著水平下，两市的收益率都拒绝随机游走的假设，说明这是平稳的时间序列数据。这个结果与国外学者对发达成熟市场波动性的研究一致。Pagan（1996）和 Bollerslev（1994）指出：金融资产的价格一般是非平稳的，经常有一个单位根（随机游走），而收益率序列通常是平稳的。

（三）均值方程的确定及残差序列自相关检验

通过对收益率的自相关检验，我们发现两市的收益率都与其滞后 15 阶存在显著的自相关，因此对两市收益率 r_t 的均值方程都采用如下方式：

$$r_t = c + ar_{t-15} + \varepsilon_t \qquad \text{（式 10.5）}$$

1. 对收益率做自回归

在 EViews 主菜单中依次选择“Quick”—“Estimation Equation”，出现如图 10-8 所示的窗口。

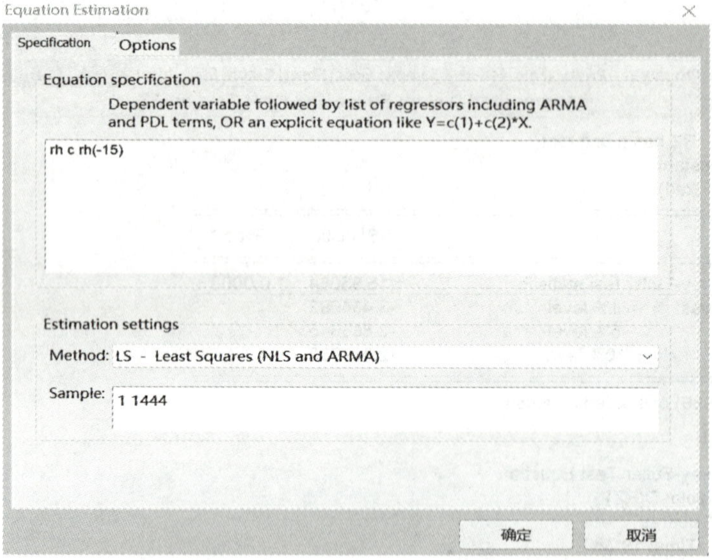

图 10-8　对收益率 rh 做自回归

在“Method”中选择 LS（普通最小二乘法），然后在“Estimation settings”上方空白处输入如图 10-8 所示的变量，单击“OK”，则得到沪市收益率回归结果，如图 10-9 所示，同理得到深市收益率回归结果，如图 10-10 所示。

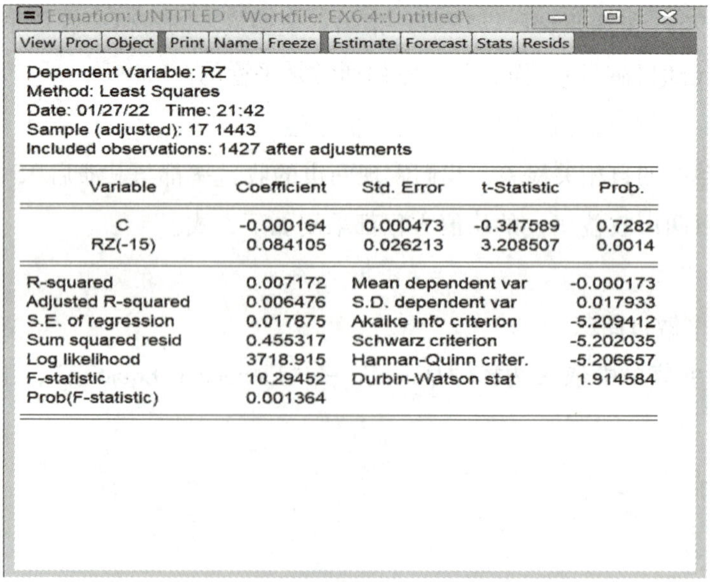

Dependent Variable: RZ
Method: Least Squares
Date: 01/27/22 Time: 21:42
Sample (adjusted): 17 1443
Included observations: 1427 after adjustments

Variable	Coefficient	Std. Error	t-Statistic	Prob.
C	-0.000164	0.000473	-0.347589	0.7282
RZ(-15)	0.084105	0.026213	3.208507	0.0014

R-squared	0.007172	Mean dependent var	-0.000173
Adjusted R-squared	0.006476	S.D. dependent var	0.017933
S.E. of regression	0.017875	Akaike info criterion	-5.209412
Sum squared resid	0.455317	Schwarz criterion	-5.202035
Log likelihood	3718.915	Hannan-Quinn criter.	-5.206657
F-statistic	10.29452	Durbin-Watson stat	1.914584
Prob(F-statistic)	0.001364		

图 10-9　收益率 rh 回归结果

Equation: UNTITLED Workfile: EX6.4::Untitled\

View | Proc | Object | Print | Name | Freeze | Estimate | Forecast | Stats | Resids

Dependent Variable: RH
Method: Least Squares
Date: 01/27/22 Time: 19:46
Sample (adjusted): 17 1443
Included observations: 1427 after adjustments

Variable	Coefficient	Std. Error	t-Statistic	Prob.
C	0.000226	0.000431	0.524763	0.5998
RH(-15)	0.094697	0.026301	3.600507	0.0003

R-squared	0.009015	Mean dependent var	0.000253
Adjusted R-squared	0.008320	S.D. dependent var	0.016348
S.E. of regression	0.016279	Akaike info criterion	-5.396425
Sum squared resid	0.377654	Schwarz criterion	-5.389048
Log likelihood	3852.349	Hannan-Quinn criter.	-5.393670
F-statistic	12.96365	Durbin-Watson stat	2.024254
Prob(F-statistic)	0.000328		

图 10-10　收益率 rz 回归结果

2. 用 Ljung-BoxQ 统计量对均值方程拟和后的残差及残差平方做自相关检验

依次点击“View”—“Residual Test”—“Correlogram-Q-statistics”，选择 10 阶滞后，则可得沪市收益率 rh 残差项的自相关系数 acf 值和 pacf 值，如图 10-11 所示。

Equation: UNTITLED Workfile: EX6.4::Untitled\

View | Proc | Object | Print | Name | Freeze | Estimate | Forecast | Stats | Resids

Correlogram of Residuals

Date: 01/27/22 Time: 19:47
Sample: 1 1444
Included observations: 1427
Q-statistic probabilities adjusted for 1 dynamic regressor

Autocorrelation	Partial Correlation		AC	PAC	Q-Stat	Prob
		1	-0.012	-0.012	0.2167	0.642
		2	-0.034	-0.034	1.8888	0.389
		3	0.011	0.011	2.0766	0.557
		4	0.058	0.057	6.8801	0.142
		5	-0.019	-0.017	7.3833	0.194
		6	0.006	0.009	7.4284	0.283
		7	0.025	0.023	8.3585	0.302
		8	-0.038	-0.040	10.461	0.234
		9	-0.047	-0.045	13.664	0.135
		10	0.012	0.007	13.880	0.179

图 10-11　沪市收益率 rh 残差项的自相关系数 acf 和 pacf 值

依次点击“View”—“Residual Test”—“Correlogram Squared Residuals”，选择 10 阶滞后，则可得沪市收益率 rh 残差平方的自相关系数 acf 值和 pacf 值，如图 10-12 所示。采用同样的方法，可得深市收益率 rz 的回归方程及残差、残差平方的 acf 值和 pacf 值，如图 10-13 和图 10-14 所示。

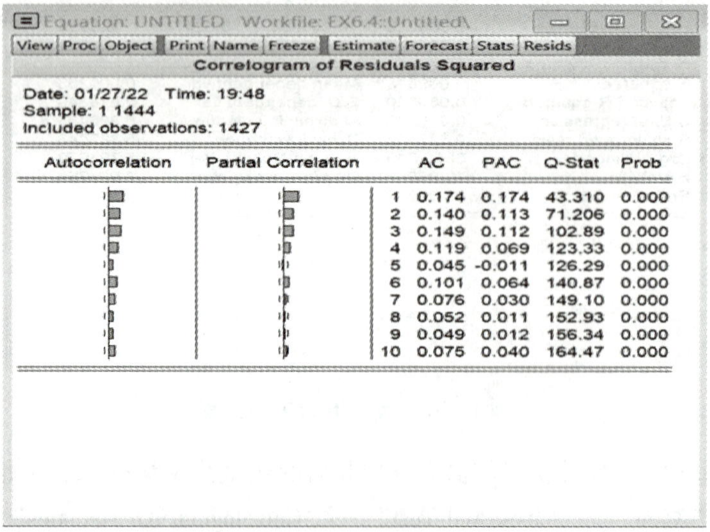
Equation: UNTITLED Workfile: EX6.4::Untitled\
View | Proc | Object | Print | Name | Freeze | Estimate | Forecast | Stats | Resids
Correlogram of Residuals Squared

Date: 01/27/22 Time: 19:48
Sample: 1 1444
Included observations: 1427

	AC	PAC	Q-Stat	Prob
1	0.174	0.174	43.310	0.000
2	0.140	0.113	71.206	0.000
3	0.149	0.112	102.89	0.000
4	0.119	0.069	123.33	0.000
5	0.045	-0.011	126.29	0.000
6	0.101	0.064	140.87	0.000
7	0.076	0.030	149.10	0.000
8	0.052	0.011	152.93	0.000
9	0.049	0.012	156.34	0.000
10	0.075	0.040	164.47	0.000

图 10-12 沪市收益率 rh 残差平方的自相关系数 acf 值和 pacf 值

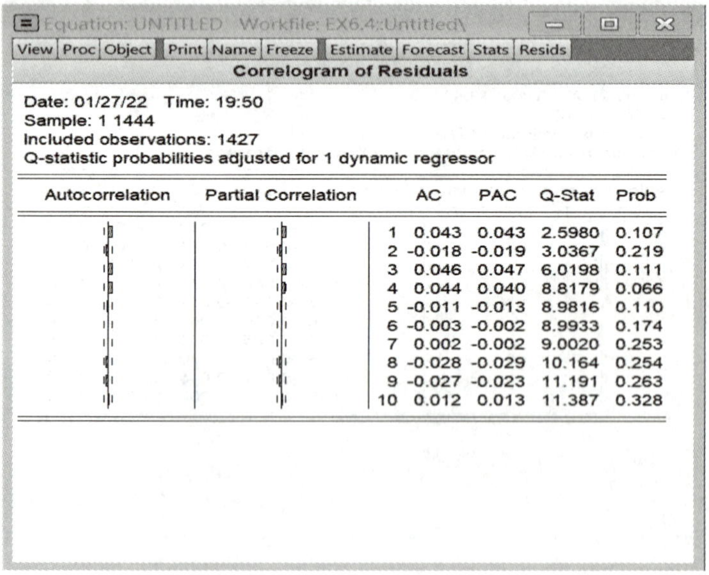
Equation: UNTITLED Workfile: EX6.4::Untitled\
View | Proc | Object | Print | Name | Freeze | Estimate | Forecast | Stats | Resids
Correlogram of Residuals

Date: 01/27/22 Time: 19:50
Sample: 1 1444
Included observations: 1427
Q-statistic probabilities adjusted for 1 dynamic regressor

	AC	PAC	Q-Stat	Prob
1	0.043	0.043	2.5980	0.107
2	-0.018	-0.019	3.0367	0.219
3	0.046	0.047	6.0198	0.111
4	0.044	0.040	8.8179	0.066
5	-0.011	-0.013	8.9816	0.110
6	-0.003	-0.002	8.9933	0.174
7	0.002	-0.002	9.0020	0.253
8	-0.028	-0.029	10.164	0.254
9	-0.027	-0.023	11.191	0.263
10	0.012	0.013	11.387	0.328

图 10-13 深市收益率 rh 残差项的自相关系数 acf 和 pacf 值

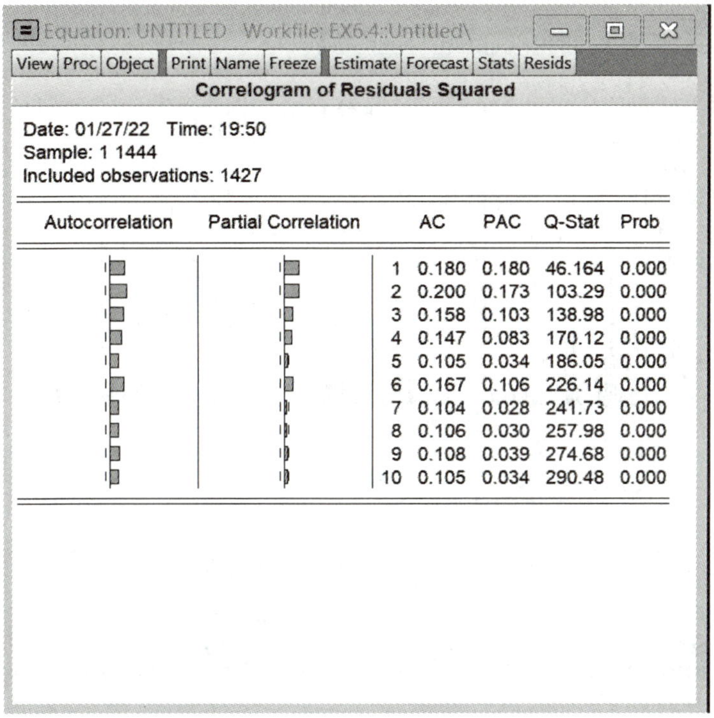

Autocorrelation	Partial Correlation		AC	PAC	Q-Stat	Prob
		1	0.180	0.180	46.164	0.000
		2	0.200	0.173	103.29	0.000
		3	0.158	0.103	138.98	0.000
		4	0.147	0.083	170.12	0.000
		5	0.105	0.034	186.05	0.000
		6	0.167	0.106	226.14	0.000
		7	0.104	0.028	241.73	0.000
		8	0.106	0.030	257.98	0.000
		9	0.108	0.039	274.68	0.000
		10	0.105	0.034	290.48	0.000

图 10-14 深市收益率 rh 残差平方的自相关系数 acf 值和 pacf 值

以上回归结果表明两市的残差不存在显著的自相关，而残差平方有显著的自相关。

3. 对残差平方做线性图

对 rh 进行回归后在命令栏输入命令“genr resl = resid2”，得到 rh 残差平方序列 res1，用同样的方法得到 rz 残差平方序列 res2。双击选取序列 res1，在新出现的窗口中选择“View”“Line Graph”，得到 res1 的线性图，如图 10-15 所示。同理得到 rz 残差平方线状图，如图 10-16 所示。

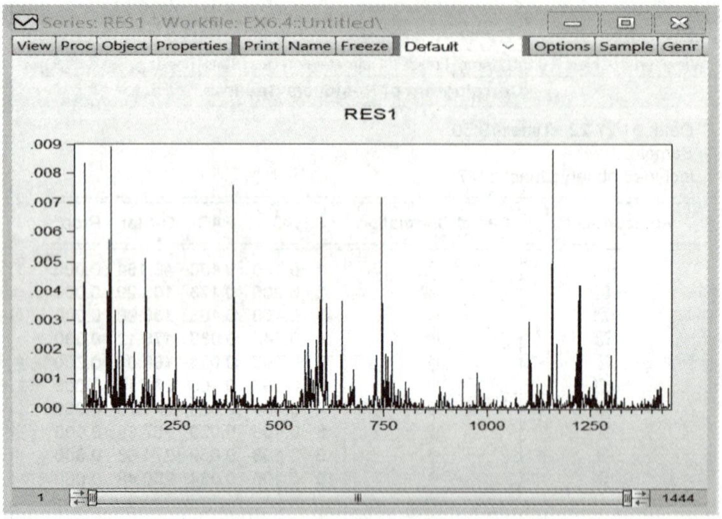

图 10-15 rh 残差平方线状图

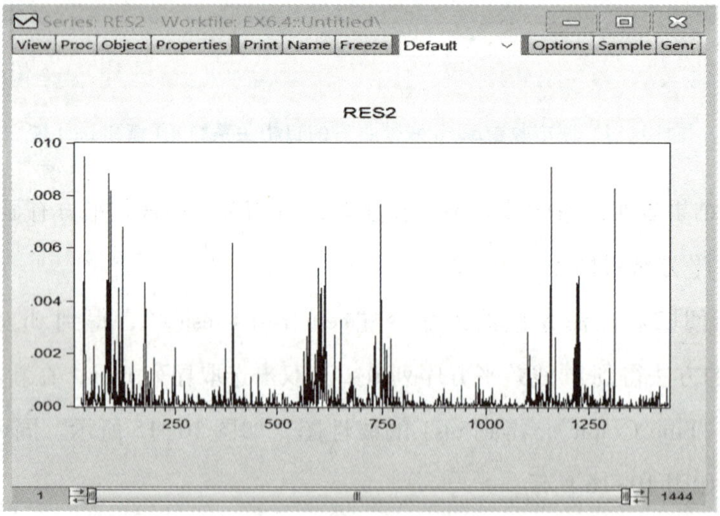

图 10-16 rz 残差平方线状图

可见 ε_t^2 的波动具有明显的时间可变性和波动丛簇性，适合用 GARCH 类模型来建模。

4. 对残差进行 ARCH-LM 测试

依照步骤（1），再对 rh 做一次滞后 15 阶的回归，在出现的“Equation”窗口中依次点击“View”—“Residual Test”—“ARCH LM Test”，选择一阶滞后，得到如图 10-17 所示的结果。

对 rz 方程回归后的残差项同样可做 ARCH-LM 测试，得到如图 10-18 所示的结果。

Equation: UNTITLED Workfile: EX6.4::Untitled\

View | Proc | Object | Print | Name | Freeze | Estimate | Forecast | Stats | Resids

Heteroskedasticity Test: ARCH

F-statistic	44.48012	Prob. F(1,1424)	0.0000
Obs*R-squared	43.19340	Prob. Chi-Square(1)	0.0000

Test Equation:
Dependent Variable: RESID^2
Method: Least Squares
Date: 01/27/22 Time: 20:04
Sample (adjusted): 18 1443
Included observations: 1426 after adjustments

Variable	Coefficient	Std. Error	t-Statistic	Prob.
C	0.000219	2.09E-05	10.48264	0.0000
RESID^2(-1)	0.174043	0.026096	6.669342	0.0000

R-squared	0.030290	Mean dependent var	0.000265
Adjusted R-squared	0.029609	S.D. dependent var	0.000755
S.E. of regression	0.000743	Akaike info criterion	-11.56967
Sum squared resid	0.000787	Schwarz criterion	-11.56229
Log likelihood	8251.178	Hannan-Quinn criter.	-11.56692
F-statistic	44.48012	Durbin-Watson stat	2.039221
Prob(F-statistic)	0.000000		

图 10-17 rh ARCH-LM 测试

Equation: UNTITLED Workfile: EX6.4::Untitled\

View | Proc | Object | Print | Name | Freeze | Estimate | Forecast | Stats | Resids

Heteroskedasticity Test: ARCH

F-statistic	47.51115	Prob. F(1,1424)	0.0000
Obs*R-squared	46.04172	Prob. Chi-Square(1)	0.0000

Test Equation:
Dependent Variable: RESID^2
Method: Least Squares
Date: 01/27/22 Time: 20:05
Sample (adjusted): 18 1443
Included observations: 1426 after adjustments

Variable	Coefficient	Std. Error	t-Statistic	Prob.
C	0.000262	2.39E-05	10.97376	0.0000
RESID^2(-1)	0.179689	0.026069	6.892833	0.0000

R-squared	0.032287	Mean dependent var	0.000319
Adjusted R-squared	0.031608	S.D. dependent var	0.000858
S.E. of regression	0.000845	Akaike info criterion	-11.31410
Sum squared resid	0.001016	Schwarz criterion	-11.30672
Log likelihood	8068.952	Hannan-Quinn criter.	-11.31134
F-statistic	47.51115	Durbin-Watson stat	2.062131
Prob(F-statistic)	0.000000		

图 10-18 rz ARCH-LM 测试

由上面的结果表明残差中的 ARCH 效应是很显著的。

（四）GARCH 类模型建模

1. GARCH（1，1）模型估计结果

依次点击“Quick”—“Estimate Equation”，在出现的窗口的“Method”选项中选择“ARCH”，可以得到如图 10-19 所示的对话框。

在这个对话框中要求用户输入建立 GARCH 类模型相关的参数：“Mean Equation Specification”栏需要填入均值方差的形式；“ARCH - M term”栏需要选择“ARCH - M”项的形式，包括方差、标准差和不采用三种；“ARCH Specification”栏需要选择 ARCH 和 GARCH 项的阶数，以及估计方法包括 GARCH、TARCH 和 EGARCH 等；“Variance Regressors”栏需要填入结构方差的形式，由于 EViews 默认条件方差方程中包含常数项，因此在此栏中不必要填入“C”。我们现在要用 GARCH（1，1）模型建模，以沪市为例，只需要在“Mean Equation Specification”栏输入均值方差“RH C RH(-15)”，其他选择默认即可，得到如图 10-20 和图 10-21 所示的结果。

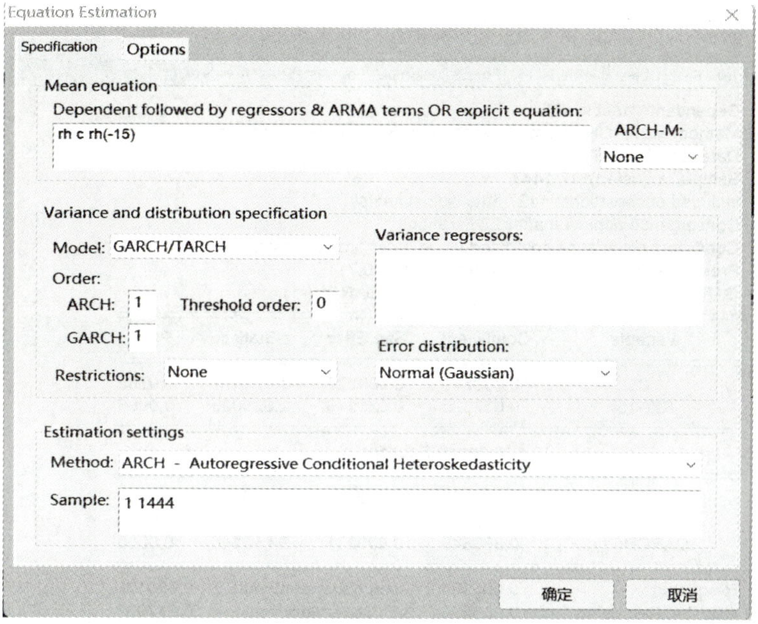

图 10-19　Equation Specification 窗口

Equation: UNTITLED　Workfile: EX6.4::Untitled\

View | Proc | Object | Print | Name | Freeze | Estimate | Forecast | Stats | Resids

Dependent Variable: RH
Method: ML ARCH - Normal distribution (BFGS / Marquardt steps)
Date: 01/27/22　Time: 20:07
Sample (adjusted): 17 1443
Included observations: 1427 after adjustments
Convergence achieved after 33 iterations
Coefficient covariance computed using outer product of gradients
Presample variance: backcast (parameter = 0.7)
GARCH = C(3) + C(4)*RESID(-1)^2 + C(5)*GARCH(-1)

Variable	Coefficient	Std. Error	z-Statistic	Prob.
C	-2.59E-06	0.000283	-0.009149	0.9927
RH(-15)	0.059379	0.020217	2.937052	0.0033
		Variance Equation		
C	8.72E-06	1.45E-06	6.011348	0.0000
RESID(-1)^2	0.176275	0.015211	11.58866	0.0000
GARCH(-1)	0.807589	0.013680	59.03250	0.0000

R-squared	0.007548	Mean dependent var	0.000253
Adjusted R-squared	0.006851	S.D. dependent var	0.016348
S.E. of regression	0.016292	Akaike info criterion	-5.645039
Sum squared resid	0.378214	Schwarz criterion	-5.626597
Log likelihood	4032.735	Hannan-Quinn criter.	-5.638152
Durbin-Watson stat	2.023587		

图 10-20　沪市收益率 GARCH（1，1）模型估计结果

Equation: UNTITLED   Workfile: EX6.4::Untitled\

View | Proc | Object | Print | Name | Freeze | Estimate | Forecast | Stats | Resids

Dependent Variable: RZ
Method: ML ARCH - Normal distribution (BFGS / Marquardt steps)
Date: 01/27/22   Time: 20:10
Sample (adjusted): 17 1443
Included observations: 1427 after adjustments
Convergence achieved after 22 iterations
Coefficient covariance computed using outer product of gradients
Presample variance: backcast (parameter = 0.7)
GARCH = C(3) + C(4)*RESID(-1)^2 + C(5)*GARCH(-1)

Variable	Coefficient	Std. Error	z-Statistic	Prob.
C	-0.000579	0.000327	-1.771473	0.0765
RZ(-15)	0.057626	0.021919	2.629009	0.0086
Variance Equation				
C	6.33E-06	1.29E-06	4.915143	0.0000
RESID(-1)^2	0.122073	0.009778	12.48497	0.0000
GARCH(-1)	0.863649	0.009231	93.56140	0.0000

R-squared	0.005934	Mean dependent var	-0.000173
Adjusted R-squared	0.005236	S.D. dependent var	0.017933
S.E. of regression	0.017886	Akaike info criterion	-5.476727
Sum squared resid	0.455885	Schwarz criterion	-5.458285
Log likelihood	3912.645	Hannan-Quinn criter.	-5.469839
Durbin-Watson stat	1.914363		

图 10-21　深市收益率 GARCH（1，1）模型估计结果

可见，沪深股市收益率条件方差方程中 ARCH 项和 GARCH 项都是高度显著的，表明收益率序列具有显著的波动丛簇性。沪市中 ARCH 项和 GARCH 项系数之和为 0.98，深市也为 0.98，均小于 1。因此，GARCH（1，1）的过程是平稳的，其条件方差表现出均值回复（mean-reversion），即过去的波动对未来的影响是逐渐衰减的。

2. GARCH - M（1，1）估计结果

依照前面的步骤只要在“ARCH - M term”栏选择方程作为 ARCH - M 项的形式，即可得到 GARCH - M（1，1）模型的估计结果，如图 10-22 和图 10-23 所示。

Equation: UNTITLED Workfile: EX6.4::Untitled\

View | Proc | Object | Print | Name | Freeze | Estimate | Forecast | Stats | Resids

Dependent Variable: RH
Method: ML ARCH - Normal distribution (BFGS / Marquardt steps)
Date: 01/27/22 Time: 20:15
Sample (adjusted): 17 1443
Included observations: 1427 after adjustments
Convergence achieved after 24 iterations
Coefficient covariance computed using outer product of gradients
Presample variance: backcast (parameter = 0.7)
GARCH = C(4) + C(5)*RESID(-1)^2 + C(6)*GARCH(-1)

Variable	Coefficient	Std. Error	z-Statistic	Prob.
GARCH	5.393066	2.229362	2.419107	0.0156
C	-0.000901	0.000470	-1.919740	0.0549
RH(-15)	0.058053	0.019591	2.963242	0.0030
Variance Equation				
C	9.53E-06	1.64E-06	5.816855	0.0000
RESID(-1)^2	0.186261	0.016264	11.45230	0.0000
GARCH(-1)	0.796666	0.014984	53.16762	0.0000

R-squared	0.015188	Mean dependent var	0.000253
Adjusted R-squared	0.013805	S.D. dependent var	0.016348
S.E. of regression	0.016234	Akaike info criterion	-5.648340
Sum squared resid	0.375302	Schwarz criterion	-5.626210
Log likelihood	4036.091	Hannan-Quinn criter.	-5.640075
Durbin-Watson stat	2.016244		

图 10-22 沪市收益率 GARCH-M（1，1）模型估计结果

Equation: UNTITLED Workfile: EX6.4::Untitled\

View | Proc | Object | Print | Name | Freeze | Estimate | Forecast | Stats | Resids

Dependent Variable: RZ
Method: ML ARCH - Normal distribution (BFGS / Marquardt steps)
Date: 01/27/22 Time: 20:16
Sample (adjusted): 17 1443
Included observations: 1427 after adjustments
Convergence achieved after 26 iterations
Coefficient covariance computed using outer product of gradients
Presample variance: backcast (parameter = 0.7)
GARCH = C(4) + C(5)*RESID(-1)^2 + C(6)*GARCH(-1)

Variable	Coefficient	Std. Error	z-Statistic	Prob.
GARCH	4.594812	2.053719	2.237314	0.0253
C	-0.001463	0.000545	-2.685815	0.0072
RZ(-15)	0.057915	0.021850	2.650558	0.0080
Variance Equation				
C	6.49E-06	1.32E-06	4.935547	0.0000
RESID(-1)^2	0.123267	0.009872	12.48650	0.0000
GARCH(-1)	0.862241	0.009245	93.26084	0.0000

R-squared	0.009552	Mean dependent var	-0.000173
Adjusted R-squared	0.008161	S.D. dependent var	0.017933
S.E. of regression	0.017860	Akaike info criterion	-5.479087
Sum squared resid	0.454225	Schwarz criterion	-5.456956
Log likelihood	3915.328	Hannan-Quinn criter.	-5.470822
Durbin-Watson stat	1.908661		

图 10-23 深市收益率 GARCH-M（1，1）模型估计结果

可见，沪深两市均值方程中条件方差项 GARCH 的系数估计分别为 5.937 671 和 5.162 608，而且都是显著的。这反映了收益与风险的正相关关系，说明收益有正的风险溢价。而且上海股市的风险溢价要高于深圳，这说明上海股市的投资者更加厌恶风险，要求更高的风险补偿。

二、股市收益波动非对称性的研究

在图 2-17 的“ARCH Speification”下拉列表中选择“EGARCH”，则可得到 rh、rz 的 EGARCH 模型估计结果，分别如图 10-24 和图 10-25 所示。

Equation: UNTITLED Workfile: EX6.4::Untitled\

View | Proc | Object | Print | Name | Freeze | Estimate | Forecast | Stats | Resids

Dependent Variable: RH
Method: ML ARCH - Normal distribution (BFGS / Marquardt steps)
Date: 01/27/22 Time: 20:22
Sample (adjusted): 17 1443
Included observations: 1427 after adjustments
Convergence achieved after 43 iterations
Coefficient covariance computed using outer product of gradients
Presample variance: backcast (parameter = 0.7)
LOG(GARCH) = C(3) + C(4)*ABS(RESID(-1)/@SQRT(GARCH(-1))) + C(5)*RESID(-1)/@SQRT(GARCH(-1)) + C(6)*LOG(GARCH(-1))

Variable	Coefficient	Std. Error	z-Statistic	Prob.
C	-0.000277	0.000304	-0.911507	0.3620
RH(-15)	0.054489	0.020987	2.596363	0.0094
Variance Equation				
C(3)	-0.510254	0.057503	-8.873506	0.0000
C(4)	0.279240	0.022154	12.60427	0.0000
C(5)	-0.051770	0.011142	-4.646486	0.0000
C(6)	0.964147	0.005937	162.4062	0.0000

R-squared	0.006399	Mean dependent var	0.000253
Adjusted R-squared	0.005702	S.D. dependent var	0.016348
S.E. of regression	0.016301	Akaike info criterion	-5.667942
Sum squared resid	0.378651	Schwarz criterion	-5.645811
Log likelihood	4050.076	Hannan-Quinn criter.	-5.659677
Durbin-Watson stat	2.021973		

图 10-24 沪市收益率 GARCH（1，1）模型估计结果

Equation: UNTITLED Workfile: EX6.4::Untitled\

View | Proc | Object | Print | Name | Freeze | Estimate | Forecast | Stats | Resids

Dependent Variable: RZ
Method: ML ARCH - Normal distribution (BFGS / Marquardt steps)
Date: 01/27/22 Time: 20:24
Sample (adjusted): 17 1443
Included observations: 1427 after adjustments
Convergence achieved after 51 iterations
Coefficient covariance computed using outer product of gradients
Presample variance: backcast (parameter = 0.7)
LOG(GARCH) = C(3) + C(4)*ABS(RESID(-1)/@SQRT(GARCH(-1))) +
C(5)*RESID(-1)/@SQRT(GARCH(-1)) + C(6)*LOG(GARCH(-1))

Variable	Coefficient	Std. Error	z-Statistic	Prob.
C	-0.000774	0.000340	-2.275206	0.0229
RZ(-15)	0.049770	0.022414	2.220521	0.0264
Variance Equation				
C(3)	-0.368505	0.045490	-8.100729	0.0000
C(4)	0.236015	0.015815	14.92350	0.0000
C(5)	-0.032104	0.008865	-3.621464	0.0003
C(6)	0.976735	0.005075	192.4610	0.0000

R-squared	0.004834	Mean dependent var	-0.000173
Adjusted R-squared	0.004135	S.D. dependent var	0.017933
S.E. of regression	0.017896	Akaike info criterion	-5.487200
Sum squared resid	0.456389	Schwarz criterion	-5.465070
Log likelihood	3921.117	Hannan-Quinn criter.	-5.478935
Durbin-Watson stat	1.913418		

图 10-25 深市收益率 EGARCH (1, 1) 模型估计结果

在 EGARCH 中，$\frac{\varepsilon_{t-1}}{\sqrt{h_{t-1}}}$ 项的系数估计值都小于零。在估计结果中，沪市为 -0.051 846，深市为-0.032 059，而且都是显著的，这也说明了沪深股市中都存在杠杆效应。

三、沪深股市波动溢出效应的研究

当某个资本市场出现大幅波动的时候，就会引起投资者在另外的资本市场的投资行为的改变，将这种波动传递到其他的资本市场。这就是所谓的“溢出效应”。例如“9·11”恐怖袭击后，美国股市的大震荡引起欧洲及亚洲股市中投资者的恐慌，从而引发了当地资本市场的大动荡。接下来我们将检验深沪两市之间的波动是否存在“溢

出效应”。

（一）检验两市波动的因果性

1. 提取条件方差

重复前面 GARCH - M 模型建模的步骤，选择主菜单栏“Procs”下的“Make GARCH Variance Sris”，得到 rh 回归方程残差项的条件方差数据序列 GARCH01，同样的步骤得到 rz 回归方程残差项的条件方差数据序列 GARCH02。

2. 检验两市波动的因果性

在“Workfile”中同时选中“GARCH01”和“GARCH02”，点击鼠标右键，选择“Open”—“As Group”，在弹出的窗口中点击“View”—“Granger Causality”，并选择滞后阶数 5，得到如图 10-26 所示的结果。

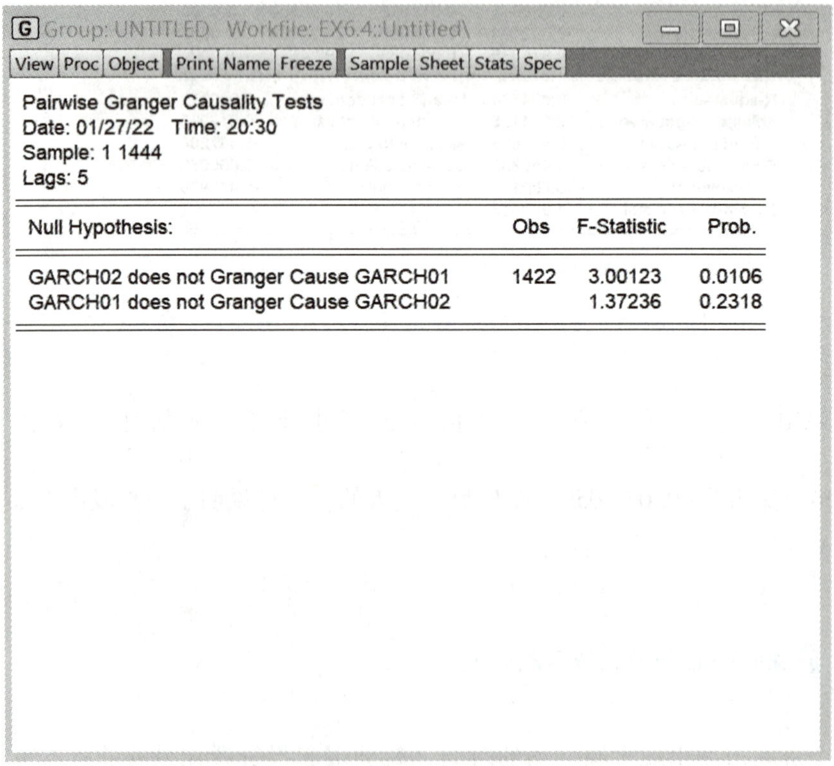

Null Hypothesis:	Obs	F-Statistic	Prob.
GARCH02 does not Granger Cause GARCH01	1422	3.00123	0.0106
GARCH01 does not Granger Cause GARCH02		1.37236	0.2318

图 10-26 Granger 因果检验

可见，我们不能拒绝原假设：上海的波动不能因果深圳的波动。但是可以拒绝原假设：深圳的波动不能因果上海的波动。这初步证明沪深股市的波动之间存在溢出效应，且是不对称、单向的，表明是深圳市场的波动导致了上海市场的波动，而不是相反。

(二) 修正 GARCH- M 模型

在沪市 GARCH-M 模型的条件方差方程中加入深市波动的滞后项，应该会改善估计结果。在“Equation Specification”窗口中，按图 10-27 所示输入如下变量，即在模型的条件方差方程中加入了深市波动的滞后项。

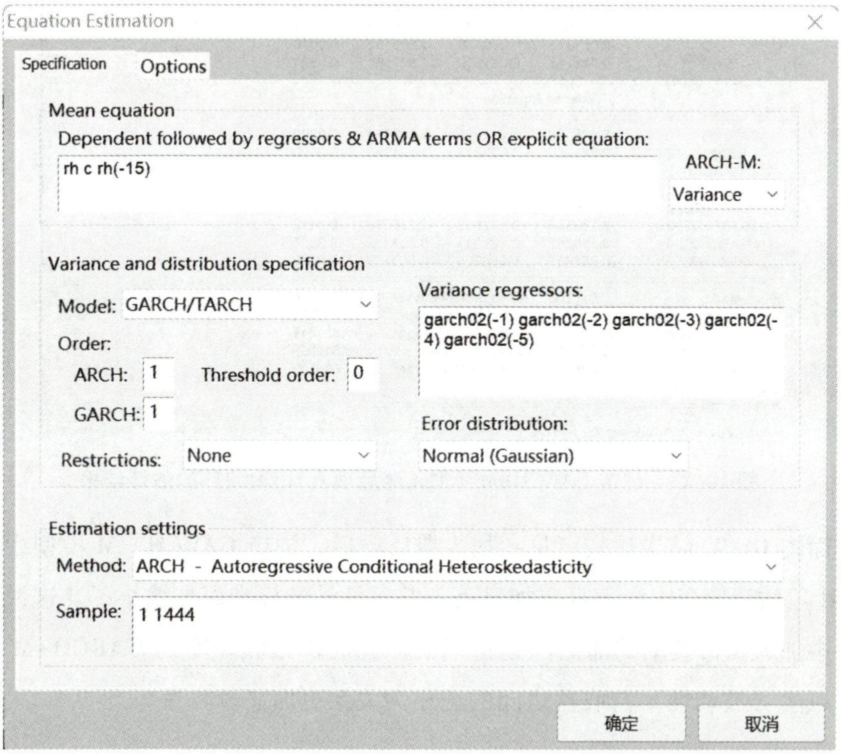

图 10-27　修正 GARCH-M 模型

点击“OK”，则得到加入滞后项 GARCH02 后沪市 GARCH - M 模型重新估计的结果，如图 10-28 所示。

Equation: UNTITLED Workfile: EX6.4::Untitled\

View | Proc | Object | Print | Name | Freeze | Estimate | Forecast | Stats | Resids

Dependent Variable: RH
Method: ML ARCH - Normal distribution (BFGS / Marquardt steps)
Date: 01/27/22 Time: 20:34
Sample (adjusted): 22 1443
Included observations: 1422 after adjustments
Failure to improve likelihood (non-zero gradients) after 53 iterations
Coefficient covariance computed using outer product of gradients
Presample variance: backcast (parameter = 0.7)
GARCH = C(4) + C(5)*RESID(-1)^2 + C(6)*GARCH(-1) + C(7)
*GARCH02(-1) + C(8)*GARCH02(-2) + C(9)*GARCH02(-3) + C(10)
*GARCH02(-4) + C(11)*GARCH02(-5)

Variable	Coefficient	Std. Error	z-Statistic	Prob.
GARCH	7.567542	2.063900	3.666623	0.0002
C	-0.001413	0.000430	-3.285182	0.0010
RH(-15)	0.041143	0.021909	1.877864	0.0604
Variance Equation				
C	9.43E-06	1.81E-06	5.209056	0.0000
RESID(-1)^2	0.243417	0.023833	10.21363	0.0000
GARCH(-1)	0.745917	0.027754	26.87576	0.0000
GARCH02(-1)	0.036458	0.183775	0.198381	0.8427
GARCH02(-2)	-0.026687	0.298214	-0.089490	0.9287
GARCH02(-3)	-0.286553	0.112990	-2.536090	0.0112
GARCH02(-4)	-0.110262	0.127011	-0.868132	0.3853
GARCH02(-5)	0.384403	0.084204	4.565117	0.0000

R-squared	0.017106	Mean dependent var	0.000244
Adjusted R-squared	0.015721	S.D. dependent var	0.016373
S.E. of regression	0.016244	Akaike info criterion	-5.681517
Sum squared resid	0.374430	Schwarz criterion	-5.640829
Log likelihood	4050.558	Hannan-Quinn criter.	-5.666319
Durbin-Watson stat	1.997310		

图 10-28 沪市 GARCH-M（加入滞后项 GARCH02）的估计结果

与前面图 10-22 结果比较可见，加入滞后项后，沪市 GARCH- M 模型中均值方程的 GARCH 项估计值变大，而且更加显著，并且估计的标准误差缩小了。这说明在条件方差方程中加入深市波动的滞后项是恰当的。此时沪市收益率的 GARCH-M 效应更加明显了，风险（波动性）与收益之间的正相关关系更加显著。

五、总结

我们运用 GARCH 类模型，对沪深股市收益率的波动性、波动的非对称性，以及波动之间的溢出效应做了全面的分析。通过分析，基本可以得出以下结论：

第一，沪深股市收益率都存在明显的 GARCH 效应。

第二，沪深股市都存在明显的 GARCH-M 效应，而且沪市的正向风险溢价要高于深市，反映了上海股市的投资者比深圳股市的投资者更加厌恶风险。

第三，沪深股市都存在明显的杠杆效应，这反映了在我国股票市场上坏消息引起的波动要大于好消息引起的波动。

第四，沪深股市之间的波动存在溢出效应，而且是单向的，深市的波动将引起沪市的波动，加入深市波动的模型将有助于提高沪市风险溢价的水平。

第十一章

ARDL 模型的应用

第一节　实验目的

理解 ARDL 模型的原理与应用条件，运用 ARDL 模型，估计变量之间长期关系的系数。注意，只有当能够确定第一步所估计的变量间的长期关系是肯定存在的，而不是伪回归，才能应用该模型进行估计。

第二节　基本概念及实验内容

一、基本概念

ARDL（autoregressive distributed lag）称为自回归分布滞后模型。ARDL 模型的一大优点，就是我们不用管变量是否同阶单整，都可以用 ARDL 模型来检验变量之间的长期关系，而这是标准的协整检验所做不到的。

二、实验内容及要求

运用 ARDL 模型研究我国商品零售物价指数 CPI 和狭义货币供应量 M1 之间的关系，数据为 1994 年第一季度到 2004 年第二季度的季度数据。

第三节 实验指导

一、创建文件

首先，我们创建 EViews 工作文件（Workfile）：从 EViews 主选单中依次选择“File”—“New”—“Workfile”后选择“Quarter”选项，在 Start 栏输入“1994:01”，在“End”栏输入“2004:02”，如图 11-1 所示。

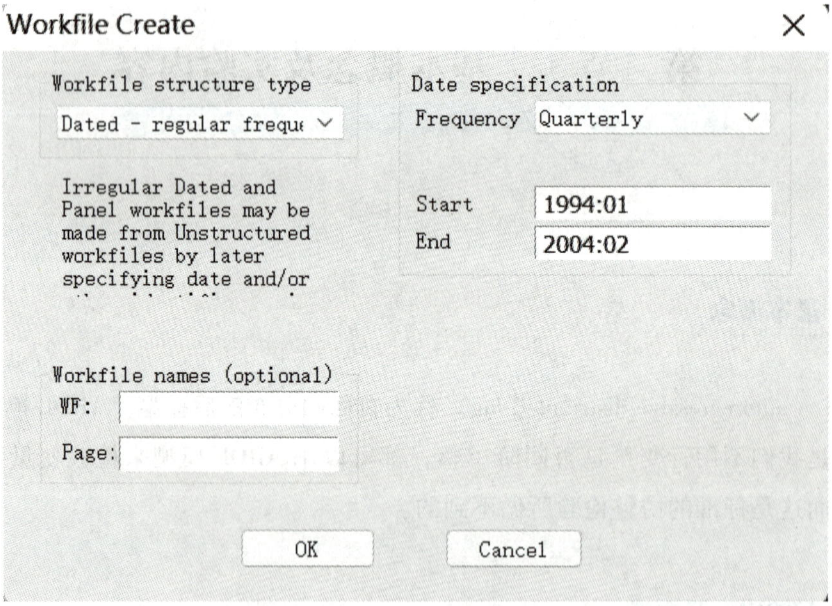

图 11-1　操作示意图（1）

然后选择“File”菜单中的“Import—Read Text—Lotus—Excel”选项，找到要导入的 Excel 文档完成数据导入，建立相应的工作组，如图 11-2 所示。

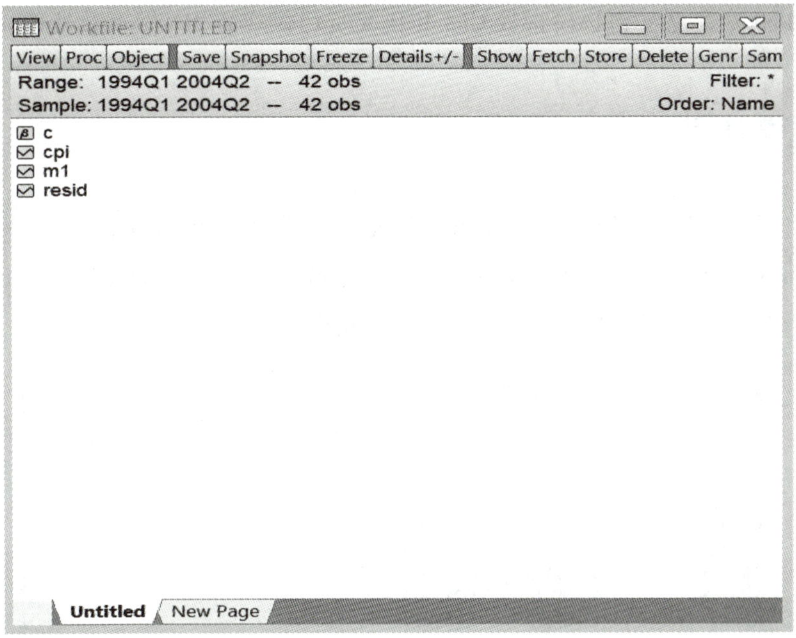

图 11-2 操作示意图（2）

最后，对原始数据进行取对数处理，Genr 功能可以对序列作不同处理。我们对序列作对数处理，在编辑框中输入：LNP = log（CPI）。其中，LNP 为对数化后序列名称，log（）为过程函数，CPI 为原始序列。对其他变量作相同处理后，得到序列：LNP，LNM1 如图 11-3 所示。

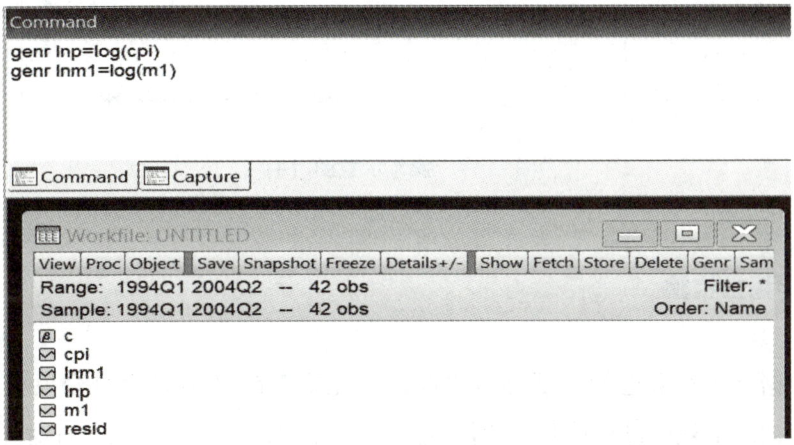

图 11-3 操作示意图（3）

如图 11-3 对商品零售物价指数 CPI 和狭义货币供应量 M1 做对数处理。

二、描述性统计

选中所有对数化后序列，用单击鼠标右键选择“Open-as group”，在 View 功能下选择“Descriptive Stats”，可以得到各序列的描述性统计结果。描述性统计的结果使我们对数据质量、序列整体趋势有大致的了解，如图 11-4 所示。

	LNM1	LNP
Mean	10.66186	4.794115
Median	10.62622	4.795896
Maximum	11.43074	4.882802
Minimum	9.967454	4.605170
Std. Dev.	0.478393	0.057572
Skewness	0.104338	-1.211846
Kurtosis	1.649319	5.253857
Jarque-Bera	3.268797	19.16976
Probability	0.195070	0.000069
Sum	447.7982	201.3528
Sum Sq. Dev.	9.383265	0.135894
Observations	42	42

图 11-4　操作示意图（4）

三、平稳性检验

在将数据导入模型进行实证分析之前，首先要判断样本是否符合模型使用要求，即对各个序列的平稳性进行检验。我们点开 LNP 序列，在 View 功能中选择“Unit Root Test”，本实验选用 ADF 检验法及 SIC 信息准则，如图 11-5 所示。首先，考察 LNP 在

“Level”，即 I（0）过程下的平稳性情况，观察数据趋势后选择包含截距项而不包含时间趋势项，如图 11-6 所示。

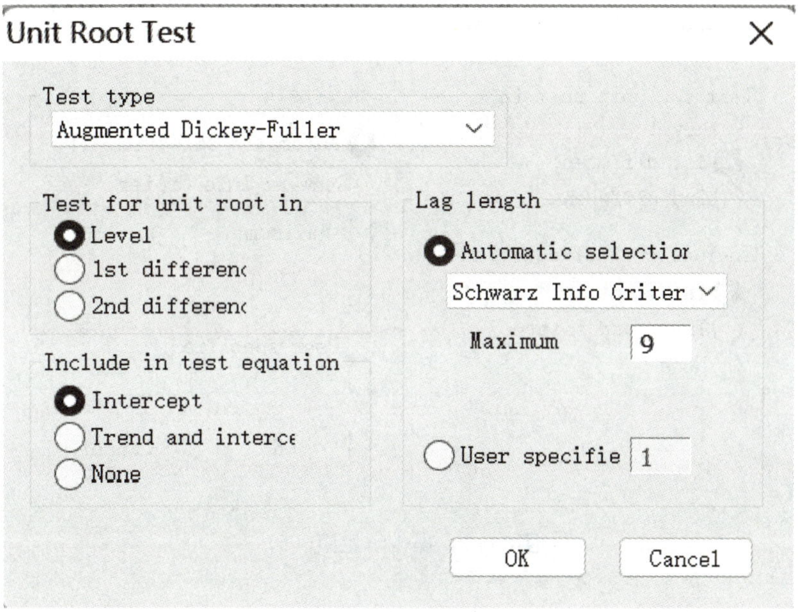

图 11-5

Null Hypothesis: LNP has a unit root
Exogenous: Constant
Lag Length: 5 (Automatic - based on SIC, maxlag=9)

		t-Statistic	Prob.*
Augmented Dickey-Fuller test statistic		-2.783934	0.0706
Test critical values:	1% level	-3.626784	
	5% level	-2.945842	
	10% level	-2.611531	

*MacKinnon (1996) one-sided p-values.

图 11-6　检验结果

对于 LNP 序列，ADF 方法给出的统计量值为-2.78，明显高于 1%和 5%显著性水平下的临界值，说明 LNP 在 I（0）下并不平稳。因此，我们按照原先步骤重新对 LNP 进行单位根检验，但选择“1st difference”而不是“Level”，考察 LNP 的一阶差分项（如图 11-7 所示），即 LNP 在 I（1）过程下是否平稳，结果如图 11-8 所示。

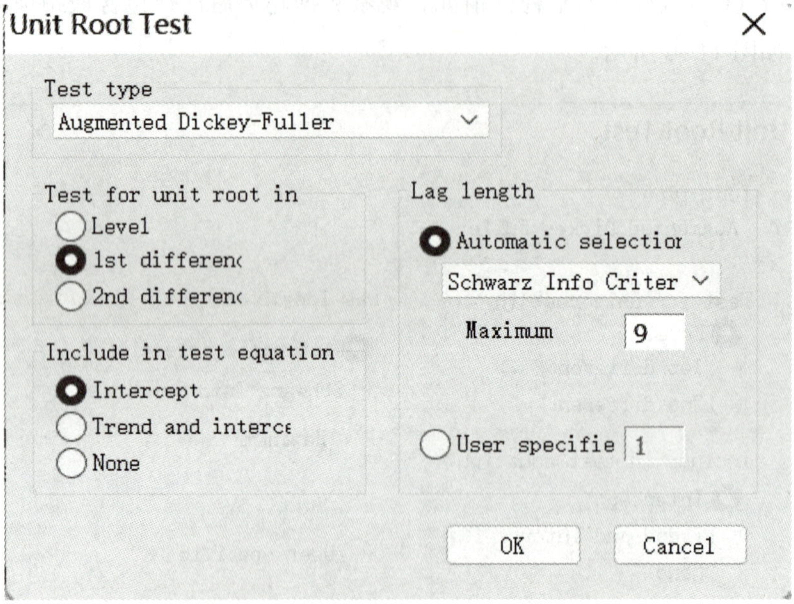

图 11-7　操作示意图（5）

Null Hypothesis: D(LNP) has a unit root
Exogenous: Constant
Lag Length: 3 (Automatic - based on SIC, maxlag=9)

		t-Statistic	Prob.*
Augmented Dickey-Fuller test statistic		-3.200594	0.0279
Test critical values:	1% level	-3.621023	
	5% level	-2.943427	
	10% level	-2.610263	

*MacKinnon (1996) one-sided p-values.

图 11-8　检验结果

由结果可以看出 p 值 0.027<0.05，LNP 序列说明在 5%显著性水平下显著，即拒绝原假设，该序列是平稳的序列，即 LNP 在 $I(1)$ 过程下平稳。

接下来我们对 LNM1 进行平稳性检验，操作相同，结果如图 11-9 所示。

Null Hypothesis: LNM1 has a unit root
Exogenous: Constant
Lag Length: 1 (Automatic - based on SIC, maxlag=9)

		t-Statistic	Prob.*
Augmented Dickey-Fuller test statistic		0.457820	0.9830
Test critical values:	1% level	-3.605593	
	5% level	-2.936942	
	10% level	-2.606857	

*MacKinnon (1996) one-sided p-values.

图 11-9　检验结果

对于 LNM1 序列，ADF 方法给出统计量的值为 0.45，高于各显著性水平下的临界值，说明 LNM1 在 *I*（0）下并不平稳。我们可以按如上步骤重新对 LNM1 进行单位根检验，考察 LNM1 的一阶差分项，即 LNM1 在 *I*（1）过程下是否平稳，如图 11-10 所示。

Null Hypothesis: D(LNM1) has a unit root
Exogenous: Constant
Lag Length: 0 (Automatic - based on SIC, maxlag=9)

		t-Statistic	Prob.*
Augmented Dickey-Fuller test statistic		-9.830591	0.0000
Test critical values:	1% level	-3.605593	
	5% level	-2.936942	
	10% level	-2.606857	

*MacKinnon (1996) one-sided p-values.

图 11-10　检验结果

由结果可以看出 ADF 方法给出统计量的值为-9.83，低于各显著性水平下的临界值，而且 p 值 $0.00<0.05$，说明 LNM1 序列在 5%显著性水平下显著，即拒绝原假设，其是平稳的序列，即 LNP 在 *I*（1）过程下平稳，序列 LNP 和 LNM1 在 *I*（1）过程下达到平稳，符合 ARDL 模型的要求。

四、ARDL 边限协整检验

在这一步骤中，我们通过构建完整的 ARDL 模型来考察各变量间是否存在长期协整关系。打开 EViews 上方的“Quick”功能，点击“Estimate Equation”，在 Method 中选择 ARDL 方法。

首先，我们在“Specification”下的主编辑框内依次写出因变量两个回归的自变量：“lnp lnm1”。勾选“Automatic Selection”，利用软件自动确定各变量的滞后期，由于本实验所用样本为季度数据，因此为因变量与自变量设置的最大滞后项均为4。关于是否包含截距项及时间趋势项，则需要经过试验，本实验在比较后选择仅包含截距项，设定如图11-11所示。上文中用于选择最优滞后期的信息准则可在“Options”下进行选择，首先选择“AIC”，如图11-12所示。

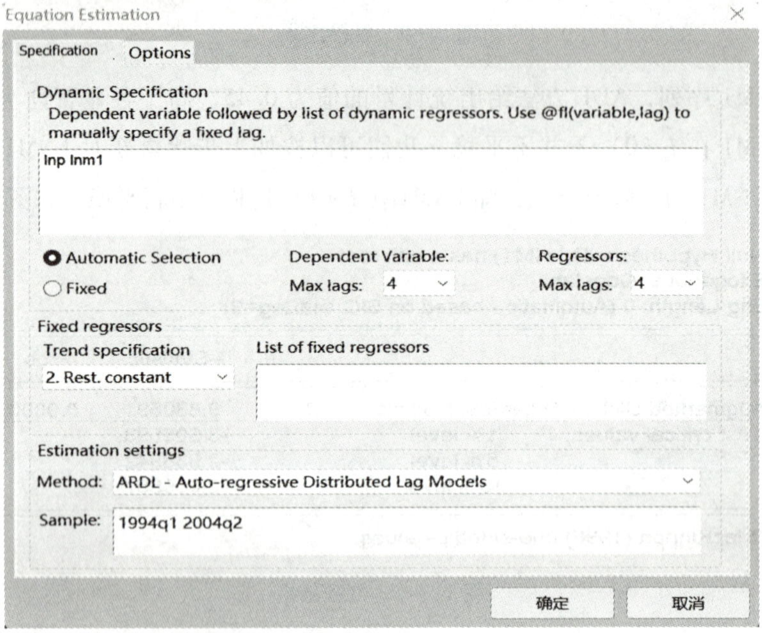

图 11-11　操作示意图（6）

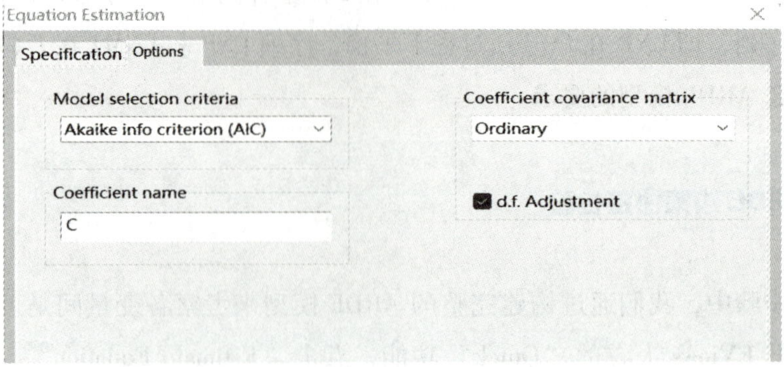

图 11-12　操作示意图（7）

根据 AIC 准则构建的模型为 ARDL（1，4），回归的标准误差“S. E. of regression”为 0.013 223。界面上方的 Estimate 功能可以使我们在保留模型基本设定的情况下对个别选项进行调整。更换为 SIC 准则后，模型变为 ARDL（1，3），回归的标准误差为 0.015 343，高于 AIC 准则下自动选取的模型，因此，本实验将根据 ARDL（1，4）进行协整检验与后续的系数估计。

完成了 ARDL 模型的选取与构建后，我们在模型界面打开 View 功能，在“Coefficient Dagnostics”下选择“Bounds Test”，对模型 F（LN）进行边限协整检验，得到如图 11-13 所示的结果。

F-Bounds Test		Null Hypothesis: No levels relationship		
Test Statistic	Value	Signif.	I(0)	I(1)
			Asymptotic: n=1000	
F-statistic	5.946264	10%	3.02	3.51
k	1	5%	3.62	4.16
		2.5%	4.18	4.79
		1%	4.94	5.58

图 11-13　检验结果

结果得到的 F 统计量值大于各显著水平下的上界值，可以认为本实验的因变量与自变量之间存在长期协整关系。

五、长期与短期系数估计

为考察变量之间具体的系数关系并进行分析，使用 View 功能下的“Coefficient Diagnostics”，选择“Cointegration and Long Run Form”。结果如图 11-14 所示。

Conditional Error Correction Regression				
Variable	Coefficient	Std. Error	t-Statistic	Prob.
C	1.684938	0.373360	4.512908	0.0001
LNP(-1)*	-0.302869	0.068593	-4.415468	0.0001
LNM1(-1)	-0.020178	0.006597	-3.058584	0.0046
D(LNM1)	-0.154777	0.064088	-2.415086	0.0218
D(LNM1(-1))	0.136717	0.067799	2.016494	0.0525
D(LNM1(-2))	-0.184469	0.074260	-2.484096	0.0186
D(LNM1(-3))	-0.099201	0.066076	-1.501305	0.1434

* p-value incompatible with t-Bounds distribution.

Levels Equation Case 2: Restricted Constant and No Trend				
Variable	Coefficient	Std. Error	t-Statistic	Prob.
LNM1	-0.066622	0.017543	-3.797522	0.0006
C	5.563264	0.183920	30.24835	0.0000

EC = LNP - (-0.0666*LNM1 + 5.5633)

F-Bounds Test		Null Hypothesis: No levels relationship		
Test Statistic	Value	Signif.	I(0)	I(1)
			Asymptotic: n=1000	
F-statistic	12.42249	10%	3.02	3.51
k	1	5%	3.62	4.16
		2.5%	4.18	4.79
		1%	4.94	5.58
Actual Sample Size	38		Finite Sample: n=40	
		10%	3.21	3.73
		5%	3.937	4.523
		1%	5.593	6.333
			Finite Sample: n=35	
		10%	3.223	3.757
		5%	3.957	4.53
		1%	5.763	6.48

图 11-14　回归结果

由此，可以得出模型 ECM=LNP-（-0.070 2 * LNM1+5.607 2）

图 11-15 中的内容为误差修正模型（ECM）。

ARDL Error Correction Regression
Dependent Variable: D(LNP)
Selected Model: ARDL(1, 4)
Case 2: Restricted Constant and No Trend
Date: 02/14/22 Time: 14:44
Sample: 1994Q1 2004Q2
Included observations: 38

ECM Regression
Case 2: Restricted Constant and No Trend

Variable	Coefficient	Std. Error	t-Statistic	Prob.
D(LNM1)	-0.154777	0.049932	-3.099747	0.0041
D(LNM1(-1))	0.136717	0.051632	2.647893	0.0126
D(LNM1(-2))	-0.184469	0.048689	-3.788730	0.0007
D(LNM1(-3))	-0.099201	0.050724	-1.955679	0.0596
CointEq(-1)*	-0.302869	0.048085	-6.298558	0.0000

R-squared	0.743948	Mean dependent var	0.003255
Adjusted R-squared	0.712912	S.D. dependent var	0.023920
S.E. of regression	0.012816	Akaike info criterion	-5.754109
Sum squared resid	0.005421	Schwarz criterion	-5.538638
Log likelihood	114.3281	Hannan-Quinn criter.	-5.677446
Durbin-Watson stat	1.642574		

* p-value incompatible with t-Bounds distribution.

F-Bounds Test　　Null Hypothesis: No levels relationship

Test Statistic	Value	Signif.	I(0)	I(1)
F-statistic	12.42249	10%	3.02	3.51
k	1	5%	3.62	4.16
		2.5%	4.18	4.79
		1%	4.94	5.58

图 11-15　误差修正模型（ECM）

由图 11-15 中的结果可以看到其 F 值与正常模型一样，因此该模型不需要修正。

六、模型稳定性检验

回到模型 ARDL（1，4）的操作界面，在 View 功能下选择“Representations”后，选择“Equation Estimation”下方的公式内容，并复制到剪切板备用。重新打开“Quick”下的“Equation Estimation”，选用 LS 方法，将上述复制内容粘贴到编辑框中，如图 11-16 所示。

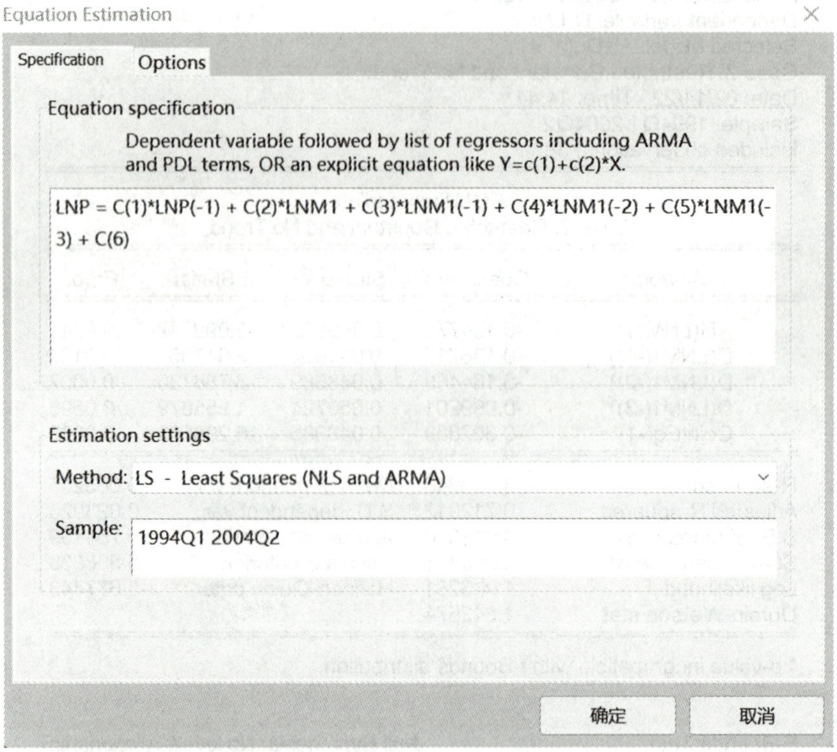

图 11-16　回归模型构造

根据此方式得到的模型，在本质上与 ARDL 完全一致。使用 View 功能下的 "Stability Diagnostics"，选择 "Recursive Estimation"，即可使用 CUSUM 或 CUSUMSQ 等方法对模型稳定性进行检验，如图 11-17 所示。

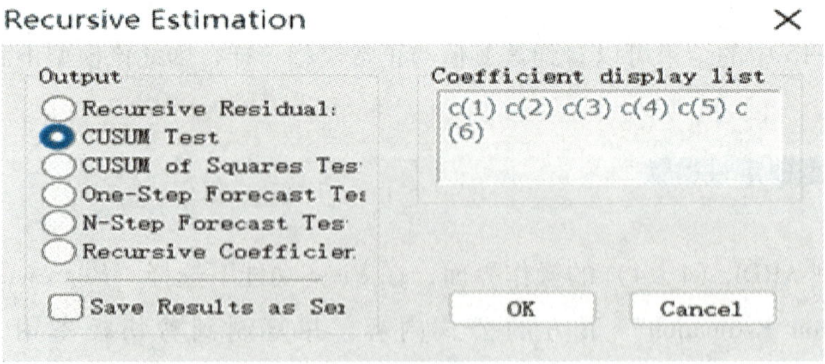

图 11-17　操作示意图（8）

根据图 11-18 和图 11-19 中的曲线可以看出，无论是运用 CUSUM 还是 CUSUMSQ 方法进行平稳性检验，残差都落于零均值线及两个标准差的区域，说明方差的参数是稳定的。

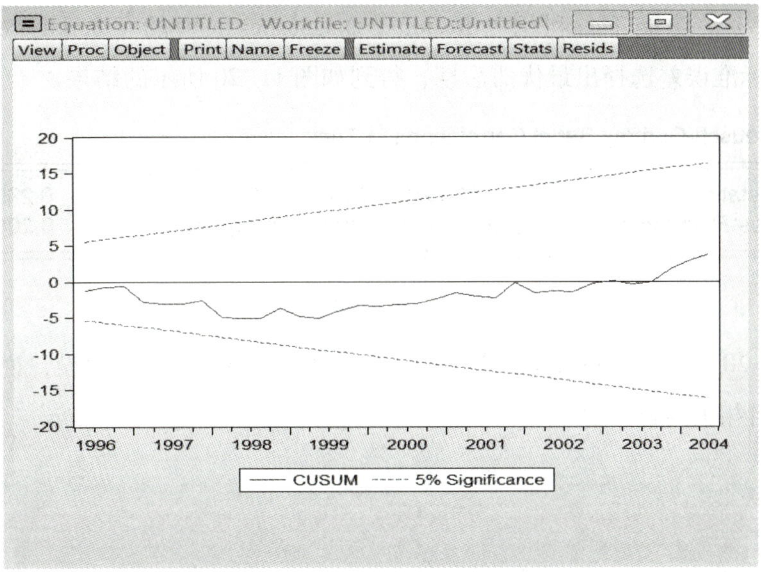

图 11-18　CUSUM 方法平稳性检验

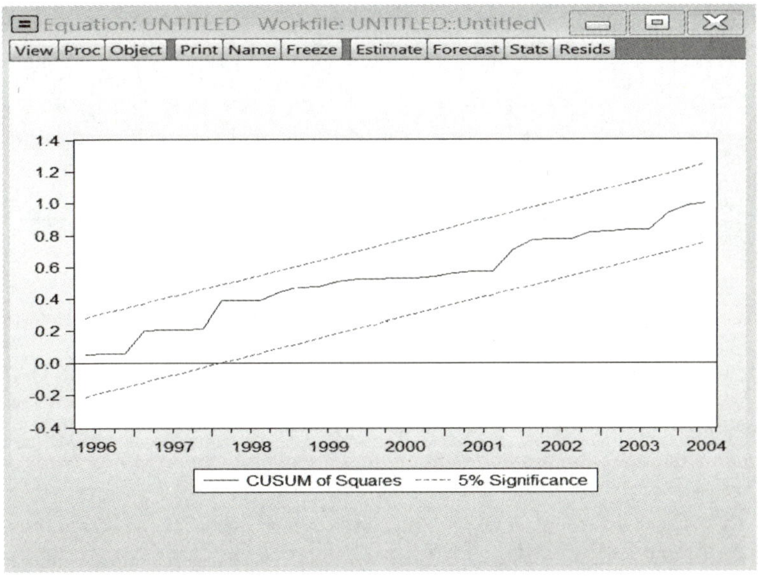

图 11-19　CUSUMSQ 方法平稳性检验

七、自相关检验

同样在 View 功能下，利用 “Residual Diagnostics” 中的 “Serial Correlation LM Test”，根据标准误差选择出最优滞后期，得到如图 11-20 所示的结果。

Breusch-Godfrey Serial Correlation LM Test:

F-statistic	1.293370	Prob. F(4,29)	0.2956
Obs*R-squared	5.904161	Prob. Chi-Square(4)	0.2064

图 11-20　检验结果

由图 11-20 中的结果可知 F 统计量的 p 值是 0. 295 6，接受原假设，说明本实验的模型不存在自相关问题。

第十二章

联立方程模型在金融数据中的应用

第一节　理论回顾

货币政策与股票市场相互之间的关系一直是货币政策研究的前沿问题。对于这个问题的研究主要有三个角度：一是研究货币政策与股票市场之间的相互关系，二是侧重研究货币政策对股票市场的影响，三是研究股票市场对货币政策的影响。本书主要是从角度一出发研究我国货币政策与股票市场之间的相互关系。由于我国的货币政策是以货币供应量作为中介目标，同时我们以股票价格（股票指数）反映股票市场的变化，因此本书主要利用联立方程模型研究货币供应量与股票价格之间的相互关系。

理论上，货币供应量对股票价格的影响可以通过以下途径实现。

首先，货币供应量的变化可以通过资产组合效应对股票价格产生影响。这种观点将货币看作资产的一种，货币与股票等其他资产一起共同组成投资者的资产，理性投资者为使投资效用达到最大化，总是不断调整组合中各种资产的比例以达到均衡。中央银行实行宽松的货币政策时，会快速增加货币供应量，这将导致原有资产组合的失衡。这时，人们所持有的货币量会增加，而单位货币的边际效用会递减。在其他条件不变的情况下，投资者会通过在货币和股票持有量之间的相互替代来形成新的均衡，其结果是促使新增加的部分资金进入股票市场寻求高收益，导致股市价格的上涨。

其次，货币供给量增加引起社会商品价格上涨，股份公司的销售收入及利润相应增加，从而使得以货币形式表现的股利（股票的名义收益）会有一定幅度的上升，使股票需求增加，从而股票价格也相应上涨。

最后，从预期的角度，央行通过公开市场操作或其他手段增加货币供应量时，会使投资者产生预期，即货币供应量的增加会使未来的股票价格上升，为赚取现在与未来的价格差，投资者将在现期买入股票，在股票供应量短期确定的情况下，需求量大增。

由理论可以看出，货币供应量既可以影响当期的股票价格，也可以影响后期的股票价格。根据国内外的研究，货币政策的时滞一般在6个月，因此本书取股票价格作为被解释变量时，取当月和前面第六个月的货币供应量为解释变量，建立如下方程：

$$\mathrm{SCI}_t = \alpha_0 + \alpha_1 M_t^S + \alpha_2 M_{t-6}^S + u_{1t} \qquad (式 12.1)$$

其中，SCI_t 代表第 t 月的上证综合指数，M_t^S 代表第 t 月的货币供应量，M_{t-6}^S 代表 $t-6$ 月的货币供应量。

股票价格也会对货币需求产生影响，主要通过三条途径：一是财富效应。股票价格的上升意味着人们名义财富的增加，居民收入上升，货币需求水平相应增加，其交易也需要凭借媒介物——货币的作用来实现。二是交易效应。股价的上涨往往伴随着股市交易量的扩张。成交量越大，需要用来完成媒介作用的货币也就越多，相应地，对货币的需求也就越大。三是替代效应。股票价格上涨，会使得人们调整自己的资产结构，以多持有股票而少持有货币，货币在人们资产组合中的比重下降，从而降低货币需求。股价变动对货币需求的净影响由这三方面的效应共同决定，财富效应和交易效应增大了货币需求，而替代效应则减少了货币需求。一般而言，财富效应大于替代效应，所以，股价上扬一般会增加对货币的需求。在股票市场对货币需求产生的财富效应、资产组合效应、交易效应、替代效应等不同方向的作用力中，增加货币需求的力量（财富效应、交易效应等）超过降低货币需求的力量（替代效应）。

另外，根据货币需求理论，我们以每月的工业增加值代表影响货币需求的规模变量0。选择一年期定期存款利率和通货膨胀率作为货币需求的机会成本变量，之所以包含两个变量而没有只用定期存款利率来表示，是因为目前我国的存款利率是由中国人民银行决定的，调整缓慢，不能充分反映通货膨胀率的变化。因此若以货币需求量为被解释变量，可以建立如下方程：

$$M_t^D = \beta_0 + \beta_1 \mathrm{SCI}_t + \beta_2 \Pi V_t + \beta_3 \mathrm{IR}_t + \beta_4 R_t + u_{2t} \qquad (式 12.2)$$

其中，M_t^D 代表 t 月的货币需求量，ΠV_t 代表 t 月的工业增加值，IR_t 代表第 t 月的通货膨胀率，R_t 代表第 t 月的一年期存款利率。

在我国，虽然利率是由中央银行控制的，无法达到及时调节货币需求的目的，但中央银行对贷款的特殊的调控模式（贷款限额），国有企业能否获得贷款的预期，以及我国货币市场上特殊的需求对供给的“倒逼”现象结合在一起共同起到了利率的本来作用。因此，从总体上来说，货币需求和货币供给还是保持均衡的，即 $M_t^S = M_t^D$，因此

若以 M_t 表示两者的均衡值，并代入前面两个方程中，我们可以建立如下的联立方程模型

$$SCI_t = \alpha_0 + \alpha_1 M_t + \alpha_2 M_{t-6} + u_{1t} \quad \text{（式 12.3）}$$

$$M_t = \beta_0 + \beta_1 SCI_t + \beta \Pi V_t + \beta_3 IR_t + \beta_4 R_t + u_{2t} \quad \text{（式 12.4）}$$

第二节 实证分析

本书采用了从 1997 年 1 月到 2004 年 3 月各变量的月度数据。除一年期定期存款利率和通货膨胀率以外，其余的变量均为消除了物价因素的实际变量。特别地，工业增加值由于季节趋势较明显，因此运用季节调整技术进行了调整以消除季节趋势。本书中第 1 期的通货膨胀率的计算方法是：用 t 期的物价指数与 $t-1$ 期的零售物价指数之差除以 $t-1$ 期的零售物价指数（零售物价指数以 1997 年 1 月为 100）。我们将分别检验流通中现金 $M0$、狭义货币 $M1$、广义货币 $M2$ 作为货币量与上证指数的关系。

我们将在 EViews 中利用两阶段最小二乘法估计上述联立方程模型，这个过程主要分两个步骤：首先，利用普通最小二乘法求得内生变量的拟合值；其次，用拟合值代替内生变量再利用两阶段最小二乘法求得结构参数估计值。我们将以 $M0$ 代表货币量说明模型在 EViews 中的估计过程，然后对于 $M1$、$M2$ 仅列出结果。

打开 EViews 建立相应的工作组并输入数据，然后在菜单中选择“Quick”—“Equation Estimation”，在“Method”中选择“LS”（普通最小二乘法），将会出现如图 12-1 所示的窗口。

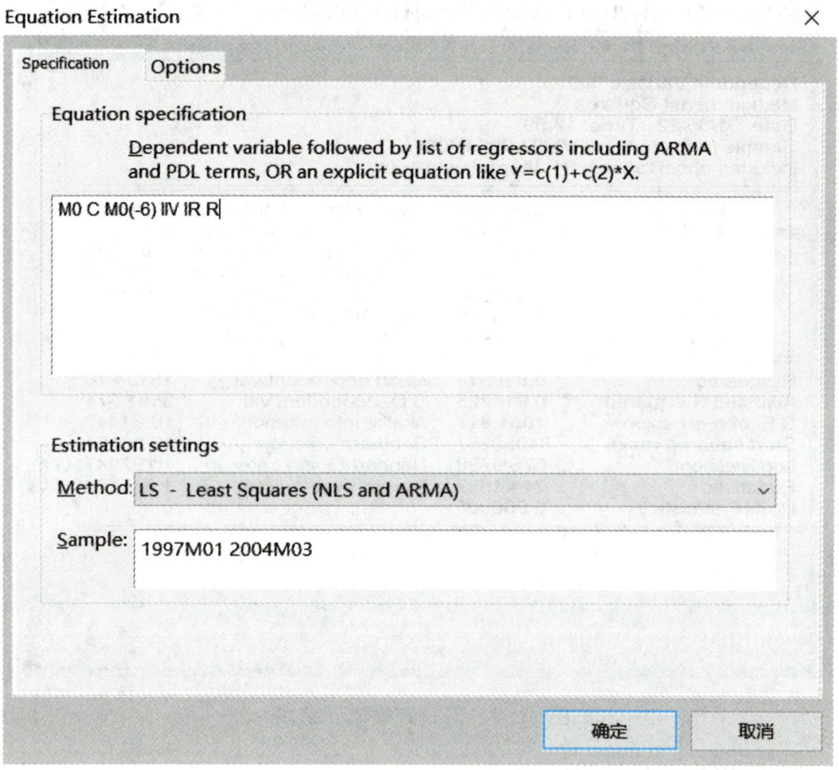

图 12-1　回归方程设定

在“Estimation settings”上方空白处首先输入被解释变量 $M0$。然后输入作为解释变量的外生变量（各变量的下标已除去），注意不要忘记常数项。然后点击“OK”，即可得到回归结果，如图 12-2 所示。

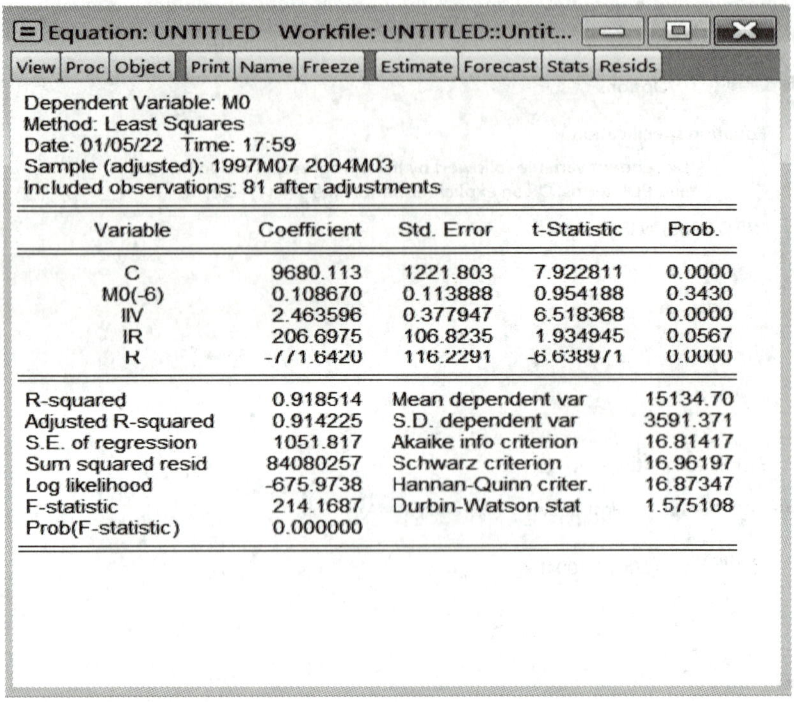

Equation: UNTITLED Workfile: UNTITLED::Untit...

View | Proc | Object | Print | Name | Freeze | Estimate | Forecast | Stats | Resids

Dependent Variable: M0
Method: Least Squares
Date: 01/05/22 Time: 17:59
Sample (adjusted): 1997M07 2004M03
Included observations: 81 after adjustments

Variable	Coefficient	Std. Error	t-Statistic	Prob.
C	9680.113	1221.803	7.922811	0.0000
M0(-6)	0.108670	0.113888	0.954188	0.3430
IIV	2.463596	0.377947	6.518368	0.0000
IR	206.6975	106.8235	1.934945	0.0567
R	-771.6420	116.2291	-6.638971	0.0000

R-squared	0.918514	Mean dependent var	15134.70
Adjusted R-squared	0.914225	S.D. dependent var	3591.371
S.E. of regression	1051.817	Akaike info criterion	16.81417
Sum squared resid	84080257	Schwarz criterion	16.96197
Log likelihood	-675.9738	Hannan-Quinn criter.	16.87347
F-statistic	214.1687	Durbin-Watson stat	1.575108
Prob(F-statistic)	0.000000		

图 12-2 回归方程估计结果

由图 12-2 可得到估计结果如下：

$$\hat{M0}_t = 9\,680.11 + 2.46IIV_t + 206.70IR_t - 771.64R_t + 0.11M0_{t-6} \quad (式 12.5)$$

$$(7.92) \quad (6.52) \quad (1.93) \quad (-6.64) \quad (0.95)$$

依次点击“Quick”—“Generate Series”，弹出窗口如图 12-3 所示。

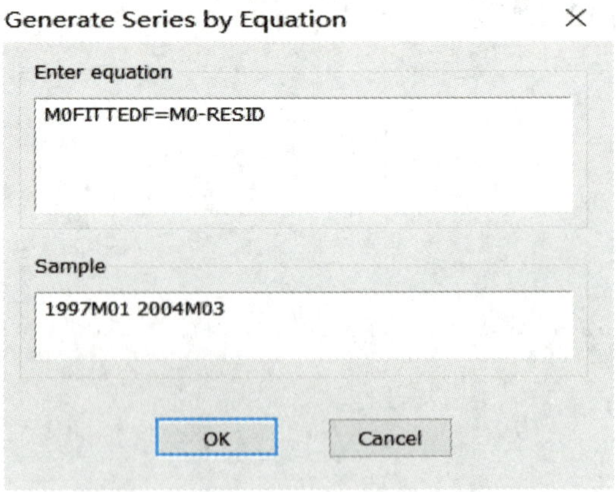

图 12-3 快速生成序列“MOFITTED”

在“Emter Equation”下面的空白栏中输入如图 12-4 所示的方程，就可以得到 M0 的拟合值“M0FITTED”。

依次点击“Quick”—“Estimate Equation”在“Method”中选择“TSLS”（两阶段最小二乘法）后，将出现如图 12-4 所示的窗口。

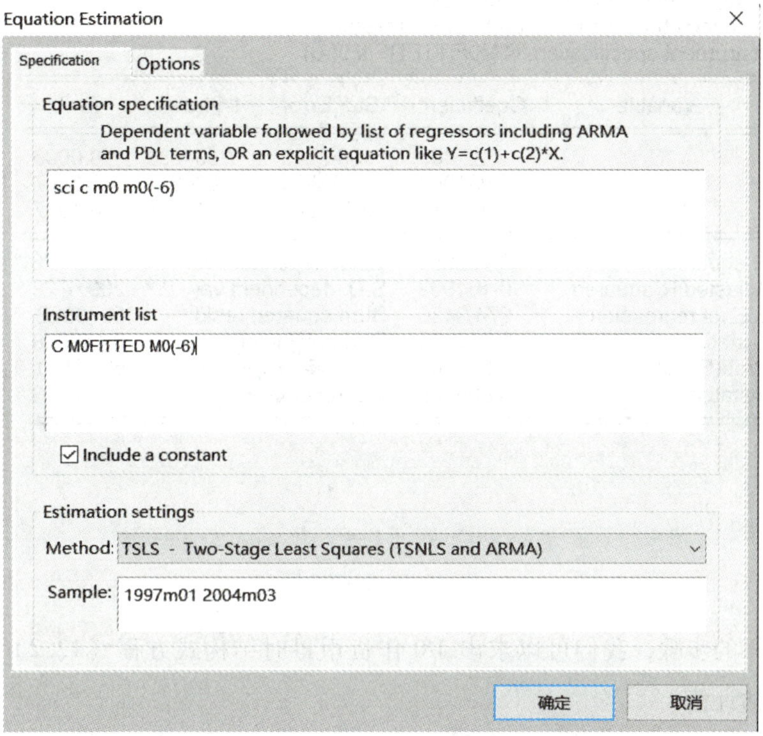

图 12-4 选择两阶段最小二乘法估计方程

在“Instrument List”上方的空白栏中按结构式方程（式 12.1）输入相应的变量，在其下方的空白栏中输入图示的工具变量，然后点击“OK”，就可以得到结构式方程（式 12.1）参数的两阶段最小二乘法估计值，如图 12-5 所示，即

$$\hat{SCI}_t = 1\,022.49 - 0.001M0_t + 0.04M0_{t-6} \quad （式 12.5）$$

$$(7.39) \qquad (-0.04) \qquad (1.32)$$

Equation: UNTITLED Workfile: UNTITLED::Untitl...

View | Proc | Object | Print | Name | Freeze | Estimate | Forecast | Stats | Resids

Dependent Variable: SCI
Method: Two-Stage Least Squares
Date: 01/05/22 Time: 18:11
Sample (adjusted): 1997M07 2004M03
Included observations: 81 after adjustments
Instrument specification: C M0FITTEDF M0(-6)

Variable	Coefficient	Std. Error	t-Statistic	Prob.
C	1022.489	138.2740	7.394658	0.0000
M0	-0.001067	0.028989	-0.036814	0.9707
M0(-6)	0.038519	0.029245	1.317098	0.1917

R-squared	0.182854	Mean dependent var	1556.726
Adjusted R-squared	0.161902	S.D. dependent var	299.6728
S.E. of regression	274.3436	Sum squared resid	5870622.
F-statistic	8.697295	Durbin-Watson stat	0.148048
Prob(F-statistic)	0.000389	Second-Stage SSR	5875110.
J-statistic	0.000000	Instrument rank	3

图 12-5 回归结果

按照同样的步骤，我们可以求出 M0 作货币量时结构式方程（12.2）参数的两阶段最小二乘估计值：

$$\hat{M0}_t = 5\,968.43 + 2.02\mathrm{SCI}_t + 3.05\Pi V_t + 248.481\mathrm{IR}_t - 539.10R_t$$

$$(1.07) \quad (0.85) \quad (7.98) \quad (1.77) \quad (-1.44)$$

同样，对于狭义货币 M1 作为货币供应量代表，我们可以得到估计模型：

$$\hat{\mathrm{SCI}}_t = 1\,239.33 + 0.1M1_t + 0.01M1_{t-6}$$

$$(11.14) \quad (0.38) \quad (-0.22)$$

$$\hat{M1}_t = 24\,823.27 - 1.68\mathrm{SCI}_t + 17.42\Pi V_t - 163.79\mathrm{IR}_t - 3\,009.34R_t$$

$$(5.44) \quad (-0.93) \quad (0.43) \quad (-0.56) \quad (-8.30)$$

对于广义货币 M2 作为货币量代表，同样可以得到估计模型：

$$\hat{\mathrm{SCI}}_t = 1\,210.96 + 0.04M2_t - 0.03M2_{t-6}$$

$$(8.49) \quad (1.24) \quad (-1.17)$$

$$\hat{M}2_t = 320\,877.8 - 1.15.12\mathrm{SCI}_t + 32.31\Pi V_t - 4\,935.05\mathrm{IR}_t - 24\,362.84R_t$$
$$(2.70) \qquad (-2.26) \qquad (4.06) \qquad (-1.76) \qquad (-3.06)$$

综上，一方面，无论是流通中现金 $M0$、狭义货币 $M1$，还是广义货币 $M2$；无论是当月值还是过去第 6 个月的值，在对股票价格的解释中，它们的系数都是不显著的。因此，可以认为货币供应量对股票指数的影响微乎其微。另一方面，股票指数在对流通中现金 $M0$、狭义货币 $M1$ 的解释中，其系数也是不显著的，但在对广义货币的解释中，股票指数的系数则是显著的，因此，可以认为，股票指数对流通中现金 $M0$、狭义货币 $M1$ 是没有影响的，而对广义货币量则是有影响的。

主要参考文献

中文参考文献

古扎拉蒂 D N, 2000. 计量经济学 [M]. 3 版. 林少宫, 译. 北京: 中国人民大学出版社.

古扎拉蒂 D N, 2011. 计量经济学基础 [M]. 5 版. 费剑平, 译. 北京: 中国人民大学出版社.

拉玛纳山 R, 2003. 应用经济计量学 [M]. 薛菁睿, 译. 北京: 机械工业出版社.

李子奈, 2005. 计量经济学 [M]. 2 版. 北京: 高等教育出版社.

庞皓, 2019. 计量经济学 [M]. 4 版. 成都: 西南财经大学出版社.

王维国, 2002. 计量经济学 [M]. 大连: 东北财经大学出版社.

王文博, 2004. 计量经济学 [M]. 西安: 西安交通大学出版社.

威廉·H. 格林, 2011. 计量经济分析 [M]. 6 版. 张成思, 译. 北京: 中国人民大学出版社.

伍德里奇 J M, 2003. 计量经济学导论: 现代观点 [M]. 费剑平, 林相森, 译. 北京: 中国人民大学出版社.

张晓峒, 2000. 计量经济学分析 [M]. 修订版. 北京: 经济科学出版社.

张晓峒, 2004. 计量经济学软件 EViews 使用指南 [M]. 2 版. 天津: 南开大学出版社.

英文参考文献

GUJARRATI D N, 2003. Basic econometrics [M]. 4th ed. New York: McGraw-Hill Company.

WOOLDRIDGE J M, 2005. Introductory econometrics [M]. 2nd ed. 费剑平, 改编. 北京: 高等教育出版社.

笔·记·用·纸

笔 · 记 · 用 · 纸

笔·记·用·纸

笔 · 记 · 用 · 纸

笔·记·用·纸

笔 · 记 · 用 · 纸

笔 · 记 · 用 · 纸

笔·记·用·纸

笔 · 记 · 用 · 纸

笔 · 记 · 用 · 纸

笔 · 记 · 用 · 纸

笔·记·用·纸